1 TESSALONICENSES

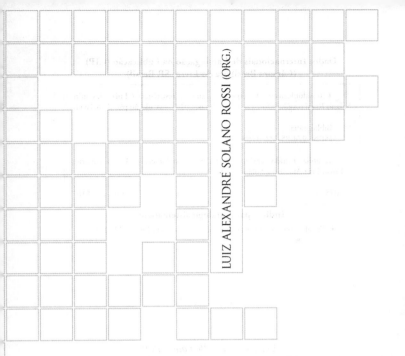

LUIZ ALEXANDRE SOLANO ROSSI (ORG.)

1 TESSALONICENSES

Fé, esperança, amor e resistência

Dados Internacionais de Catalogação na Publicação (CIP)
(Câmara Brasileira do Livro, SP, Brasil)

1 Tessalonicenses : fé, esperança, amor e resistência / Luiz Alexandre Solano Rossi (org.). -- São Paulo : Paulinas, 2017. -- (Coleção pão da palavra)

Bibliografia.
ISBN: 978-85-356-4288-9

1. Bíblia - Estudo e ensino 2. Bíblia. N.T. Tessalonicenses, 1 - Comentários I. Rossi, Luiz Alexandre Solano. II. Série.

17-02559   CDD-227.8107

Índices para catálogo sistemático:
1. Tessalonicenses, 1: Epístolas paulinas : Comentários   227.8107

1ª edição – 2017

Direção-geral: *Bernadete Boff*
Editora responsável: *Vera Ivanise Bombonatto*
Copidesque: *Ana Cecilia Mari*
Coordenação de revisão: *Marina Mendonça*
Revisão: *Sandra Sinzato*
Gerente de produção: *Felício Calegaro Neto*
Capa e diagramação: *Claudio Tito Braghini Junior*

Nenhuma parte desta obra poderá ser reproduzida ou transmitida por qualquer forma e/ou quaisquer meios (eletrônico ou mecânico, incluindo fotocópia e gravação) ou arquivada em qualquer sistema ou banco de dados sem permissão escrita da Editora. Direitos reservados.

Paulinas

Rua Dona Inácia Uchoa, 62
04110-020 – São Paulo – SP (Brasil)
Tel.: (11) 2125-3500
http://www.paulinas.org.br – editora@paulinas.com.br
Telemarketing e SAC: 0800-7010081

© Pia Sociedade Filhas de São Paulo – São Paulo, 2017

SUMÁRIO

APRESENTAÇÃO 7

1. PAULO EM TESSALÔNICA
   VIDA COMUNITÁRIA E DE RESISTÊNCIA AO IMPÉRIO 11
   Luiz Alexandre Solano Rossi

2. 1 TESSALONICENSES 1,1-10
   FÉ, ESPERANÇA, CARIDADE... E RESISTÊNCIA! 29
   Fabrizio Zandonadi Catenassi

3. EXCURSO
   PERSEGUIÇÕES E CONFLITOS
   UM CRISTIANISMO ANTIRRITUALISTA E ANTI-IMPERIAL ... 51
   Luiz José Dietrich

4. 1 TESSALONICENSES 2,1-20
   OS FRUTOS DO ANÚNCIO DO EVANGELHO 69
   Ildo Perondi

5. EXCURSO
   PAULO TRABALHADOR 93
   Ildo Perondi

6. 1 TESSALONICENSES 3,1–4,12
   EM BUSCA DE SANTIDADE 107
   Flávio Henrique de Oliveira Silva

7. EXCURSO
   VIVER EM SANTIDADE
   A TRANSFORMAÇÃO DA HUMANIDADE RENOVADA......133
   Luiz Alexandre Solano Rossi

8. 1 TESSALONICENSESS 4,13−5,11
   O DESTINO DOS MORTOS E VIVOS NA VINDA
   DO SENHOR..143
   Vicente Artuso

9. EXCURSO
   A VINDA DO SENHOR
   O FUTURO DO HOMEM E DO MUNDO............................163
   Vicente Artuso

10. 1 TESSALONICENSES 5,12-28
    ORIENTAÇÕES PARA A VIDA COMUNITÁRIA.......179
    Alfredo Rafael Belinato Barreto

APRESENTAÇÃO

Era aproximadamente em meados do primeiro século quando o apóstolo Paulo escreveu a uma comunidade pequena numericamente e, ao mesmo tempo, muito jovem e com vontade de crescer. Uma comunidade que ensaiava dar os primeiros passos e já percebia os grandes desafios de viver, sobreviver e perseverar diante de uma força imperial que se agigantava cada vez mais. A comunidade não era composta de conquistadores e, sim, de vítimas do Império. Na verdade, aqueles e aquelas que lá se encontravam, procuravam demonstrar o triunfo do amor de Deus sobre os poderes do Império Romano. Não se viam como conquistadores; a mística que nutriam em comunidade indicava um novo e contracultural caminho: "... somos mais do que conquistadores por meio daquele que nos amou" (Rm 8,37b).

Paulo queria instruir e encorajar aqueles novos cristãos a perseverar na fé e desenvolver o primeiro amor. A santidade não era composta de apenas um passo, diria o apóstolo Paulo. Ele sabia e aconselhava os cristãos da primeira hora da comunidade de Tessalônica a irem muito mais além do primeiro passo de fé em Cristo. Havia a imperiosa necessidade, após o primeiro passo, de múltiplos passos de uma vida em Cristo. A fé em Cristo não congela e/ou paralisa a pessoa. Ao contrário, coloca-a a caminho!

Cada passo nesse novo caminho parecia indicar que a santidade pode ser compreendida como tempo de crescer. Por isso, Paulo, quando escreve à jovem comunidade, não está de forma alguma dando a ela um novo ensino com um novo conteúdo. Agora ele faz mais do que isso, ou seja, dá um passo a mais em sua catequese e indica para os primeiros cristãos e cristãs um caminho a seguir.

Estamos, portanto, diante de um caso de solidariedade comunitária como instrumento suficiente de resistência à ordem imperial dominante que dividia e hierarquiza as pessoas. A fé, esperança e caridade, à medida que são a reposta do homem e da mulher que se encontram com a salvação em Jesus, fazem-no penetrar no sentido da criação, que não marca a espera passiva pelo que vem, mas a alegria contagiante de confundir presente e futuro, sendo sinal concreto de Cristo para os que mais sofrem.

De fato, os tessalonicenses ganharam a consciência de serem Igreja escolhida e ensinada por Deus a amar mutuamente. Essa nova forma de relações se tornava uma ameaçadora mensagem de resistência aos interesses do império. O novo modo de viver em Cristo rompia com o conformismo que aceitava passivamente as estruturas que levavam à morte e ensinava a vigorosa libertação dos ídolos, fundamentado em um Cristianismo que transbordava em novas relações e ações, que se espalhavam com a força do Espírito. Não se trata de um discurso bem elaborado, mas de testemunho bem vivido, que contagiava e construía um novo futuro.

O comentário ao livro de 1 Tessalonicenses é proporcionado pelo Grupo de Pesquisa Bíblia e Pastoral da PUCPR, composto de professores, mestrandos e doutorandos em Bíblia, e tem por objetivo a leitura e interpretação da Bíblia e posterior produção de textos a fim de fomentar uma pastoral libertadora, solidária e misericordiosa.

Nesse comentário propomos uma viagem sobre a totalidade do livro de 1 Tessalonicenses em 6 capítulos e 4 excursos que têm a missão de aprofundar e esclarecer alguns dos principais temas da carta, a saber, "Paulo trabalhador"; "Viver em santidade: a transformação da humanidade renovada"; "A vinda do Senhor: o futuro do homem e do mundo"; "Perseguições e conflitos".

CAPÍTULO 1
PAULO EM TESSALÔNICA
VIDA COMUNITÁRIA E DE RESISTÊNCIA AO IMPÉRIO

Luiz Alexandre Solano Rossi[1]

INTRODUÇÃO

Era possivelmente inverno na cidade de Corinto, nos anos 50-51, quando Paulo escreveu um texto muito breve, a carta aos Tessalonicenses. O tempo da redação é geralmente fundamentado na combinação da menção do procônsul Gálio (At 18,12) e da notícia sobre Priscila e Áquila (At 18,2), expulsos de Roma pelo édito contra os judeus emitido por Cláudio. Curiosamente é o primeiro documento escrito de todo o Novo Testamento e, por conseguinte, do Cristianismo nascente. Aquele que veio depois, o apóstolo Paulo, escreveu por primeiro. Um testemunho importante do nascimento do Cristianismo que nos leva a vislumbrar um pouco do tempo de como as primeiras comunidades cristãs enfrentaram os muitos problemas que surgiam a seu redor e, além disso,

---
[1] Luiz Alexandre Solano Rossi é professor no mestrado e doutorado em Teologia da PUCPR e na Uninter (Centro Universitário Internacional). E-mail: <luizalexandrerossi@yahoo.com.br>.

compreender como Paulo e os discípulos e discípulas responderam aos desafios a partir da originalidade do projeto de Jesus.

Tessalônica foi a primeira cidade importante da Europa visitada por Paulo, durante sua segunda viagem missionária. A comunidade de Tessalônica estava no coração de Paulo. Ele havia chegado nela após fugir de uma perseguição que o atingiu na cidade de Filipos (At 16,19-40). Após a fuga, lemos em Atos 17,1: "Passando por Anfípolis e Apolônia, Paulo e Silas chegaram a Tessalônica, onde os judeus tinham uma sinagoga". Todavia, a perseguição não demora a aparecer e, novamente, é preciso recorrer à fuga. Mas não sem antes formar um pequeno grupo de discípulos e discípulas de Jesus. Patte (1987, p. 183) salienta que, enquanto Paulo afirma claramente que a comunidade de Tessalônica era formada por pagãos convertidos (1Ts 1,9), ou seja, por gentios, Atos dos Apóstolos, por sua vez, supõe que a comunidade fosse composta tanto de judeus como de gentios convertidos, em consequência da pregação costumeira de Paulo na sinagoga (At 17,2-4). Schnelle (2014, p. 210) salienta que a maior parte dos participantes da comunidade deveria pertencer à camada baixa e média, composta de comerciantes (1Ts 4,6), operários e artesãos (1Ts 4,11). No entanto, não é possível desviar o olhar de Atos 17,4, que menciona explicitamente que na comunidade havia "mulheres da sociedade", e de Atos 17,5-9, que apresenta um determinado Jasão como proprietário de uma casa e capaz de pagar uma fiança.

Enquanto fugia, Paulo levava consigo uma grande preocupação. Afinal, havia deixado para trás um pequeno grupo, com uma fé fervorosa, é verdade, mas extremamente novo na fé recém-descoberta. Paulo, como agente de pastoral comprometido com o projeto de Deus, preocupava-se com a possibilidade de que ventos estranhos, das mais diversas filosofias e religiões, de Tessalônica, desviassem os discípulos do caminho já iniciado.

Na primeira oportunidade que teve, ele, consciente de sua missão pastoral, enviou Timóteo e Silas, seus fiéis colaboradores, para visitarem e trazerem notícias da comunidade em Tessalônica. Formava-se, aqui, uma estratégia de trabalho de Paulo. Não se tratava de trabalhar sozinho e sozinho receber os louros da vitória. Em sua visão de agente de pastoral, havia um grande espaço para o trabalho em equipe: Paulo, Silvano e Timóteo à Igreja dos tessalonicenses, que está em Deus Pai e no Senhor Jesus Cristo. A vocês, graça e paz (1Ts 1,1). O reencontro dos três aconteceu na cidade de Corinto. Paulo não poderia ficar mais feliz com as notícias alvissareiras trazidas por Timóteo e Silas. Eles contavam alegremente que encontraram uma comunidade fervorosa e ativa. O primeiro amor continuava como da primeira vez, quando foi anunciado por Paulo.

Diante da alegria que transbordava de seu coração, Paulo não conteve o desejo de escrever para a comunidade e comunicar sua alegria e, também amenizar sua saudade, mas, principalmente, de estimular a perseverança de cada membro da comunidade diante de uma sociedade hostil.

UM OLHAR ANTI-IMPERIAL SOBRE TESSALÔNICA

Tessalônica se encontrava situada às margens do golfo Termaico. Ela foi submetida aos romanos desde

168 a.C., e, vinte e dois anos mais tarde, foi escolhida como sede da administração para toda a Macedônia e, posteriormente, depois da batalha de Filipos (42 a.C.), obteve de Augusto os direitos de "cidade livre". Seus habitantes eram gregos, porém misturados com colonos romanos e, em parte, também com judeus. A *pax romana* permitiu a Augusto desfrutar de um período de otimismo e de crescimento econômico e, de forma consequente, a atitude da cidade em relação ao imperador possivelmente foi positiva. O favor de Roma também permitia à cidade realizar certos eventos, como os jogos olímpicos, que constituíam uma fonte adicional de turismo e de receita (THISELTON, 2011, p. 27).

Tessalônica era a capital e a cidade mais importante e povoada da Macedônia. No tempo do apóstolo Paulo, contava com aproximadamente 100 mil habitantes. Era uma cidade portuária e centro comercial. Situava-se na encruzilhada de vias terrestres e marítimas que a tornava um caldeirão de pessoas de todo tipo e de todos os lugares: artesãos, operários, oradores, charlatães, filósofos, poetas etc. Nela se juntavam as rotas comerciais do Norte com a via Egnatia, que alcançava, pelo Oeste, a costa do Adriático e, definitivamente, Roma. E não podemos deixar de constatar que a via Egnatia foi um grande centro de atração para o apóstolo Paulo, pois, em seu projeto de semear comunidades, ele sempre procurava as cidades mais importantes para, a partir delas, alcançar muitas outras.

Poderíamos considerar Tessalônica uma cidade religiosa. No tempo helenístico, diferentes cultos pagãos eram populares e, entre eles, se destacava o de Cabiros. Além desse, o culto a Dionísio (século I) e a alguns deuses egípcios, tais como Ísis, Serápis e Osíris, era muito popular. Todavia, não nos podemos esquecer do papel importantíssimo que o culto imperial assumiu nessa época e dos seus sacerdotes que tinham um grande peso na vida da cidade. Donfried (p. 214, apud HORSLEY) chega a referir que o "culto cívico era incomumente forte na cidade". Tudo isso parece indicar o grau de sincretismo que predominava em Tessalônica relativamente aos cultos e à importância que a dimensão religiosa assumia na vida de cada cidadão. Ao cosmopolitismo da cidade correspondia a multiplicidade de religiões. Assim, um ataque aos cultos da cidade era percebido, provavelmente, como um ataque à própria cidade.

Arbiol (2004, p. 234) salienta que a sociedade greco-romana estava organizada em uma rede de patronato e clientela, através da qual todos os membros tinham um lugar nessa rede hierárquica, quer fosse na posição de comando, quer na de submissão. No ponto mais alto se encontrava o imperador, denominado como *pater patriae*, "patrão" supremo, que tinha sua própria rede particular de "clientes"; e estes, por sua vez, tinham suas próprias redes de clientes, gerando uma complexa rede em que a maioria era, por sua vez, clientes de outro patrão superior e patrões de um grupo de clientes. No entanto, a rede de patronato e clientela não se reduzia à macrossociedade. A própria casa reproduzia algumas destas características. O cliente de um patrão recebia dele benefícios econômicos e, com eles, uma posição social; o patrão recebia do conjunto de clientes honra, prestígio e, com isso, uma posição social; a princípio, portanto, ambos ganhavam com a transação. No entanto, o cliente, por conta dos benefícios econômicos recebidos, devia reconhecer no patrão autoridade e uma posição superior que exigia dele obediência e subordinação.

Paulo não aceitou, mesmo sendo apóstolo, a possibilidade de ser mantido economicamente pela comunidade ou por algum membro desta de maior poder econômico; seria inaceitável para Paulo perder a sua liberdade (1Cor 9,18-19) ao se apresentar aos olhos de toda a sua comunidade como se fosse "cliente" de um dos membros da comunidade, reproduzindo assim, no interior da comunidade, as mesmas características de submissão de um pelo outro da sociedade em que viviam. Por esta razão, ele utilizou uma estratégia que lhe permitia manter sua liberdade e exortou os crentes de Tessalônica a que evitassem as dependências sociais como clientes: "Que seja para vocês uma questão de honra levar vida tranquila, ocupando-se com as próprias coisas e trabalhando com as próprias mãos, conforme os instruímos. Desse modo, vocês levarão vida honrada aos olhos dos de fora, e vocês não precisarão de ninguém" (1Ts 4,11-12).

A PAZ ALICERÇADA NA GUERRA

Desde o início, os romanos estabeleceram seu império pela força superior das armas. No entanto, segundo Brunt (2004, p. 33), a maior novidade da atitude romana com respeito ao império era a firme crença de ser esse império universal e desejado pelos deuses. Virgílio, Cícero e Políbio (apud BRUNT, 2004, p. 34-35) afirmavam respectivamente o alcance do Império Romano da seguinte maneira: "domínio sem limites de espaço ou de tempo", "como que regesse todos os povos em todo o *orbis terrarum*" e "todo ou virtualmente todo o *oikoumene*, por suas partes conhecidas, achava-se sob o domínio romano". A força militar e poder divino apresentam-se, portanto, como os dois lados da mesma moeda. Juntos teciam tanto um exército invencível quanto um império que não tinha fim. Não havia, na mais pura expressão da verdade, como disseminar a *pax romana* sem a ação militar dos exércitos em marcha. Harrison (2011, p. 63) nos ajuda a compreender as pretensões romanas: "a propaganda imperial retratou o principado de Augusto como o ápice da Providência na história universal da humanidade".

A subjugação do mundo inteiro por Roma era frequentemente simbolizada pela imagem do globo, que começava a aparecer nas moedas no final da República. Horsley (2003, p. 22) é categórico ao afirmar que a "globalização" constituía uma das principais mensagens das "Realizações do Divino Augusto através do qual ele sujeitou o mundo ao governo do povo romano". E, diante das realizações e reivindicações do divino Augusto, Horsley conclui, afirmando: "o poder político-militar do império também significava sujeição econômica dos povos conquistados".

Estamos, historicamente, no contexto da paz romana (*pax romana*). Wengst (1991, p. 23) descreve-a da seguinte maneira:

> A *pax romana* foi resultado produzido a ferro e fogo e mediante o uso, sem escrúpulos, de todos os meios de luta do Estado, de uma disputa inimiga com o mundo inteiro, que se apoiava numa arte de Estado coercitiva e através da qual, em cada caso concreto, houvera a vontade ilimitada da defesa do próprio proveito. A *pax romana*, que em

teoria é uma relação de direito entre dois parceiros, é, na realidade, uma ordem de dominação; Roma é o parceiro, que a partir de si mesmo, ordena a relação e propõe as condições. Para o não romano, *pax* significava a confirmação da submissão a Roma, por meio de contrato que implorava, simultaneamente, a proteção de Roma contra os ataques de outros povos estrangeiros.

Todavia, o caminho que levava à era dourada e de paz não podia ser realizado sem o uso da força e da violência. Não havia uma estrada que conduzisse diretamente a esse destino. A nova era para uma sociedade militar de orientação imperial caminhava ao lado, *pari passu*, à perpetuação da guerra. É possível afirmar que a *pax romana* estava fundada na conquista e na guerra. Horsley (2004, p. 27) esclarece o conceito de paz dizendo que se tratava de uma *pax* no sentido romano, ou seja, um pacto depois da conquista. E (HORSLEY, 1987, p. 47) acrescenta que "os romanos mantinham a *pax romana* pelo terror".

Não é possível minimizar o período da dominação romana. Nela encontramos o cenário apropriado para a emergência de lutas, guerrilhas e sublevações populares contínuas. A Palestina, como um dos muitos exemplos que poderíamos utilizar como território ocupado, poderia ser descrita como um dos maiores focos de rebeldia contra a expansão imperial romana. Seria ainda possível acrescentar que na Palestina do primeiro século a situação econômica da população encontrava-se em queda vertiginosa, refletindo na deterioração da qualidade de vida. As pessoas mais vulneráveis viviam cercadas pela instabilidade e pela penúria. Horsley (1987, p. 29), em seu livro *Jesus and the Spiral of Violence*, descreve que a violência na região era "institucionalizada" porque havia sido determinada pela conquista imperial. Ele afirma que os romanos possuíam uma ideologia autolegitimadora de "defender seus amigos e aliados" e de levar "civilização" e "paz" para o resto do mundo. Todavia, a conquista imperial era marcada pelo uso abusivo da violência, atingindo populações inteiras seja pelo assassinato, seja pela escravidão.

PAULO CONTRA O IMPÉRIO

A pesquisa recente sugeriu que as cartas escritas por Paulo também fossem lidas a partir de uma nova perspectiva, a saber, uma leitura em oposição ao Império Romano. Muito possivelmente, Paulo compreendia o movimento que estava sob a sua liderança como uma alternativa – mesmo que pudéssemos denominar de uma microalternativa – à ordem imperial romana que, para o apóstolo, permanecia sob o julgamento de Deus.

A carta de 1 Tessalonicenses não escapa dessa percepção. Paulo escreve em 5,3 – "Quando as pessoas estiverem dizendo: 'Que paz e segurança!', então virá de repente sobre elas a destruição. Será como as dores de parto que vêm para a mulher grávida, e não poderão escapar" – e 5,8 – "Mas nós, que somos do dia, fiquemos sóbrios, revestindo a armadura da fé e do amor, e o capacete da esperança da salvação" – possivelmente em uma alusão à profecia de Isaías 59,17 – "Ele se vestiu de justiça como de couraça, e colocou na cabeça o capacete da salvação. Revestiu-se com a veste da vingança e por manto envolveu-se na indignação" – sugerindo que o papel uma vez reservado para Deus como um guerreiro procurando a restauração da criação é agora transferido para a assembleia (igreja) de Tessalônica, em sua resistência à ordem imperial romana.

As características da cidade de Tessalônica já poderiam indicar que Paulo teria ali problemas "imperiais". A cidade havia se distinguido ao longo de sua história pela fidelidade e adesão ao imperador Augusto e a seus sucessores. Paulo, tanto em sua pregação quanto na carta que escreveu para a comunidade de Tessalônica, exige que estas sejam lidas de maneira anti-imperial. É possível indicar algumas possibilidades que ratificam a abordagem proposta. Indico pelo menos três possibilidades de leitura anti-imperialista em Paulo:

1) Paulo enfatiza de modo inequívoco e, de certo modo, provocativo, a unicidade de Deus e sua exclusividade de culto criando, de certa forma, um problema com o império ao privar o culto ao imperador de seu sentido original. No texto de 1 Tessalonicenses 4,13-18, Paulo apresenta Cristo da mesma forma como os tessalonicenses e outros cidadãos romanos apresentavam a chegada triunfal do imperador: "O mesmo Senhor descerá do céu com clamor, com voz de arcanjo e com a trombeta de Deus... e seremos arrebatados nas nuvens... ao encontro do Senhor" (1Ts 4,16-18). Para Paulo, o Evangelho de Jesus se apresentava em verdadeira oposição ao imperador. E, consequentemente, a oposição trazia hostilidade à comunidade, gerando, também, marginalização social.

2) Koester (p. 164, apud HORSLEY) e Donfried (p. 214, apud HORSLEY) afirmam que a expressão *eirene kai asphaleia* = paz e segurança pertenceria ao âmbito

do slogan político, e, por isso, deveria ser melhor compreendida no domínio da propaganda imperial romana. Dessa forma, esclarece que a expressão "aponta para a vinda do Dia do Senhor como um evento que vai abalar a falsa paz e segurança do *establishment* romano". Em 5,3 encontraríamos um ataque frontal ao programa de paz e segurança promovido pelo império. A expressão utilizada por tessalonicenses que não pertenciam à comunidade originária é uma estenografia imperial para *pax romana*. As palavras latinas (*pax* e *securitas*) aparecem em moedas com certa regularidade e resumem a proteção contra a ameaça externa oferecida pelo poder romano. Paulo, de acordo com Harrison (p. 61), parece indicar a destruição dos proponentes da *pax* e da *securitas* imperial (5,3b). O Dia do Senhor celestial aparecerá repentinamente como um ladrão na noite (5,2; 4). Somente aqueles que são protegidos pela armadura do Senhor guerreiro crucificado escaparão de sua ira (5,3b; 9a, 10b). Uma declaração monumental deslegitimando a falsa segurança proposta pelo Império Romano. Assim, qualquer pessoa e/ou comunidade que fosse considerada causadora de problemas, não seria tolerada.

3) Três termos de forte carga política também se encontram na carta de 1 Tessalonicenses, a saber: *parousia*, *apantesis* e *kyrios*. *Parousia* possui relação com a visita do rei e, quando usado na linguagem da corte, se refere à chegada de César, de um rei ou de outro dirigente (DONFRIED, p. 214; KOESTER, p. 162). *Apantesis*, por sua vez, se refere à recepção dos cidadãos a um dignitário que está prestes a visitar a cidade. A viagem de Júlio Cesar pela Itália em 49 a.C. é entusiasticamente descrita por Cícero: "apenas imagine que *apantesis* ele

está recebendo das cidades, que honras são dadas a ele" (apud HARRISON, 2011, p. 60) e, por fim, *kyrios* é um termo que as pessoas da parte oriental do mediterrâneo aplicavam aos imperadores romanos. Possivelmente para Paulo, Cristo era a antítese de Augusto, o imperador.

Sigo, nesse momento, uma possível conclusão a partir de Segal (2010, p. 265), ao dizer: "o Cristianismo era subversivo em relação às instituições religiosas básicas da sociedade gentílica".

PAULO EM TESSALÔNICA: ANIMADOR DA COMUNIDADE

A carta de Paulo aos Tessalonicenses traz um misto de sentimentos. Encontramos expressões de alegria, gratidão, súplica e exortação, além do reconhecimento pelo modo como até então estavam dando seguimento e desenvolvendo a vida cristã; por outro lado, também encontramos sentimentos que permitem verificar certa preocupação no coração de Paulo. Ele se achava responsável pela comunidade e, por conta disso, somente ele poderia seguir com a missão de animá-la. Nesse sentido, Pastor (2005, p. 137) pode afirmar com consistência que na carta "predomina o estilo pessoal que manifesta a relação entre Paulo e os cristãos de Tessalônica". Possivelmente, Paulo tenha permanecido junto à comunidade por alguns meses. É o que podemos deduzir do texto de Filipenses 4,15-16, no qual lemos que os filipenses tiveram a oportunidade de enviar donativos a Paulo em pelo menos duas ocasiões.

Não encontramos em Tessalonicenses grandes discussões teológicas, diferentemente das demais cartas de Paulo, por exemplo, um de seus temas de capital importância – a justificação pela fé – não é mencionado aqui (PATTE, 1987, p. 179). 1 Tessalonicenses apresenta mais um caráter de confidência íntima de pai e filho, do pastor que se sente fortemente responsável, diante de Deus, pelos fiéis que a ele foram confiados. Até mesmo os esclarecimentos que ele faz relativamente ao problema escatológico, devem ser compreendidos não como exposições doutrinais e, sim, como palavras de consolo, motivação e alerta.

Paulo, através de colaboradores de sua máxima confiança, munidos de uma carta escrita por ele mesmo, apresentou, assim, um modo ideal de compensar sua ausência. O mais importante para ele era a integridade da comunidade. Segal compreende que até mesmo a linguagem apocalíptica utilizada por Paulo estaria a serviço da definição da comunidade. Ele afirma (2010, p. 265):

> O agradecimento de abertura conduz tanto a uma descrição de uma teofania quanto a uma discussão do julgamento (1,7-10). O tema é a vindicação dos cristãos oprimidos e o castigo dos seus opressores. O inverso também é discutido: "amem-se uns aos outros" (1,3), bem como "paciência e fé" durante a perseguição (1,4). Em 1 Tessalonicenses, a definição de vida comunitária está implícita nas admoestações de Paulo. Ela aponta para a quietude da vida. O objetivo da linguagem apocalíptica é, assim, instilar valores comunitários, e ela faz um paralelo com a situação social da comunidade.

A carta que Paulo escreveu aos Tessalonicenses se deve a sua preocupação pela sobrevivência e posterior desenvolvimento dessa recente comunidade. E, como toda comunidade recém-organizada, características e desafios podem ser visualizados. Observemos algumas das características da comunidade resistente e contracultural:

– abandono da idolatria: numa sociedade de cosmopolitismo religioso, a singularidade do Cristo libertador se apresentava de forma eficaz;

– descoberta de que o amor de Deus se manifestava na vida de cada membro da comunidade: o amor era fonte de abertura ao mundo do outro e não de dominação;

– serviam de modelo de vida uns para os outros: não imitavam o "mundo", mas uns aos outros, inspirando-se mutuamente;

– descobriram a hospitalidade, a acolhida e a caridade como modo de vida;

– carregaram estigmas sociais pesadíssimos que não permitiam a aproximação das pessoas que viviam na mesma região: poderiam viver isolados, mas não assustados;

– assumiram os custos econômicos e comunitários como responsabilidade de todos: havia uma responsabilidade comunitária;

– acolheram exemplarmente a pregação cristã bem como os pregadores;

– compreenderam a santidade como um caminho a ser percorrido como resposta ao chamado de Deus para a salvação.

Vejamos também alguns desafios da comunidade em ambiente imperial:

– potencializar a consciência de sua nova identidade;

– desenvolver o sentido de pertencimento ao grupo: o que de fato significa pertencer e viver para Cristo? O sentido de pertencimento, provavelmente, está ainda subdesenvolvido e, por isso, não sabem ainda com clareza onde se encontram as próprias fronteiras do grupo;

– definir tanto os princípios éticos quanto a conduta adequada que poderiam orientar a comunidade: em contexto cultural proposto pelo império, haveria a necessidade de repensar a forma de viver;

– reestruturar a organização interna da comunidade: não é possível deixar de lado que a comunidade nascente possui um perfil contracultural, ou seja, ela não pode simplesmente reproduzir a mesma estrutura social e econômica de cima para baixo;

– consciência do surgimento de diversas forças centrífugas que ameaçam a coesão da comunidade;

– compreender o verdadeiro significado de seu chamado à salvação.

É possível imaginar o processo doloroso de conversão numa pequena e jovem comunidade como a de Tessalônica. Haviam se convertido e a exigência do abandono de práticas e modos de vida anteriores era requerida. Todavia, como romper com estilos de vida sem, ao mesmo tempo, romper com as relações pessoais até então vividas? Recusar o modo de ser e de fazer, bem como recusar as pessoas com as quais viviam, acelerava e potencializava os problemas. Toda forma alternativa de viver supõe uma ameaça para as formas já existentes, que sentem, por sua vez, que seus próprios princípios, sociais religiosos e políticos, se encontram sob forte ameaça.

A jovem comunidade, dessa forma, se encontrava muito perto de relações sociais, política, econômicas e religiosas que contrastavam com a vida nova em Cristo. Comportamentos que eram vividos paralelamente poderiam resultar numa forte tendência de recuperar a vida passada, que era menos hostil e mais tranquila. Uma das preocupações de Paulo ao escrever a Primeira Carta aos Tessalonicenses é, justamente, o perigo do abandono da fé ("Pelo qual, não podendo mais suportar, enviei a Timóteo para ter notícias de vossa fé, não fosse que o Tentador os houvesse tentado e que nosso trabalho ficasse reduzido a nada" – 1Ts 3,5).

A preocupação de Paulo de que a jovem comunidade pudesse ser convencida e arrastada por caminhos antievangélicos era honesta, afinal, seu medo repousava na força cultural e religiosa de uma cidade de grande efervescência.

CONCLUSÃO

O apóstolo Paulo escreve a uma comunidade pequena numericamente e, ao mesmo tempo, muito jovem. Uma comunidade que ensaiava dar os primeiros passos e já percebia os grandes desafios de viver, sobreviver e perseverar diante de um império que se agigantava cada vez mais. A comunidade não era composta de conquistadores e, sim, de vítimas do império. Na verdade, aqueles e aquelas que lá se encontravam, procuravam demonstrar o triunfo do amor de Deus sobre os poderes do Império Romano. Não se viam como conquistadores; a mística que nutriam em comunidade indicava um novo e contracultural caminho: "... somos mais do que conquistadores por meio daquele que nos amou" (Rm 8,37b).

Estamos, portanto, diante de um caso de solidariedade comunitária e/ou corporativa como instrumento suficiente de resistência à ordem imperial dominante.

BIBLIOGRAFIA

ARBIOL, Carlos G. *Primera y Segunda Carta a los Tesalonicenses*. Estella: Verbo Divino, 2004.

BRUNT, P. A. Laus imperii. In: HORSLEY, R. A (Org.). *Paulo e o Império*. São Paulo: Paulus, 2004.

HARRISON, James R. *Paul and the Imperial Authorities at Tessalonica and Rome. A Study in the Conflict of Ideology*. Chicago: Mohr Siebeck, 2011.

HORSLEY, Richard A. *Paulo e o império. Religião e poder na sociedade imperial romana*. São Paulo: Paulus, 2004.

_____. *Jesus and the Spiral of Violence*. San Francisco: Harper & Row, 1987.

_____. (ed.). *Paul and the Roman Imperial Order*. New York: Trinity Press International, 2004.

_____. *Jesus and Empire. The Kingdom of God and the New World Disorder*. Minneapolis: Fortress Press, 2003.

PASTOR, Federico. *Corpus Paulino II*. Sevilha: Editorial Desclée De Brower, 2005.

PATTE, Daniel. *Paulo, sua fé e a força do evangelho*. São Paulo: Paulinas, 1987.

SCHNELLE, Udo. *Paulo*: vida e pensamento. São Paulo: Paulus/Academia Cristã, 2014.

SEGAL, Alan F. *Paulo, o convertido. Apostolado e apostasia de Saulo fariseu*. São Paulo: Paulus, 2010.

THISELTON, Anthony C. *1 & 2 Tessalonians Through the Centuries*. West Sussex: John Wiley & Sons Ltd, 2011.

WENGST, C. *Pax romana*: pretensão e realidade. São Paulo: Paulinas, 1991.

CAPÍTULO 2
1 TESSALONICENSES 1,1-10

FÉ, ESPERANÇA, CARIDADE...
E RESISTÊNCIA!

Fabrizio Zandonadi Catenassi[1]

Antes de mergulhar no tema que mais caracteriza 1 Tessalonicenses, o da ressurreição e da *parusia*, vamos conhecer o belo retrato que a carta oferece da comunidade cristã de Tessalônica, que muito ilumina nosso conhecimento dos primeiros grupos cristãos da era apostólica.

Atos dos Apóstolos oferece duas descrições da imagem ideal da comunidade cristã primitiva (At 2,42-47; 4,32-35), como um eixo que deve orientar a vida das Igrejas Cristãs. Contudo, a análise da primeira parte do primeiro escrito do Novo Testamento, 1Tessalonicenses 1,1-10, oferece um testemunho privilegiado do nascimento de uma Igreja (MANINI, 2012, p. 15).

---

[1] Fabrizio Zandonadi Catenassi é mestre em Teologia pela PUCPR e doutorando em Teologia pela PUCPR. Professor na Católica de Joinville/SC. Email: <fabriziocatenassi@gmail.com>.

Mais além de um padrão ideal, 1 Tessalonicenses é a história de um povo sofrido, submetido a uma estrutura social delicada, um grupo de trabalhadores dos quais lhes foi roubada a esperança de melhorias sociais, políticas, econômicas e até religiosas. Após a visita de Paulo e Silvano, veremos como a comunidade cristã de Tessalônica descobre uma alternativa para esse modelo cristalizado de vida e transforma-se em exemplo para as Igrejas Cristãs nascentes.

UM COMEÇO DIFERENTE PARA UMA EPÍSTOLA

Os três primeiros capítulos de 1 Tessalonicenses oferecem uma grande ação de graças pela Igreja de Tessalônica. A abertura segue a forma típica das cartas helênicas, com remetente, destinatário e saudações. Contudo, Paulo apresenta uma característica pessoal, colocando termos densos de significado, capazes de preparar o público que receberia sua alegre mensagem de ação de graças. Essa forma de saudação combinada com temas teológicos, que refletem muito bem o pensamento paulino, constitui uma nova fórmula literária, na qual ecoam a liturgia judaica e a cristã (MANINI, 2012, p. 26).

Comparando a introdução de 1 Tessalonicenses com o estilo epistolar antigo, especialmente o greco-romano, Spinetoli (1977, p. 47) nota alguns elementos particulares do endereço paulino em 1 Tessalonicenses: a sua brevidade, a ausência do apelativo "apóstolo" junto ao nome de Paulo, a prioridade de Silvano em relação a Timóteo, a definição de "Igreja dos tessalonicenses", a fórmula "em Deus em Cristo", o desejo de "graça e paz", características essas que serão abordadas a seguir.

À luz das outras introduções do *corpus paulinum*, Fee (2009, p. 45) nota que características frequentes nas introduções das cartas de Paulo tampouco aparecem no início do texto, como serão as cartas que sucedem 1 Tessalonicenses. Há elementos típicos que seguem as saudações iniciais: desejo de saúde ou bem-estar da comunidade, ação de graças, oração que recorda o que a comunidade fez e como deve se comportar. Segundo Fee, essas características escapam do início da Primeira Carta aos Tessalonicenses e se estendem até o final do capítulo 3. Isso ressalta o destaque da introdução de 1 Tessalonicenses 1,1-10 no epistolário paulino e exige um olhar mais atento sobre o texto.

COMENTÁRIO TEOLÓGICO DE 1 TESSALONICENSES 1,1-10

O início da Primeira Carta aos Tessalonicenses está organizado da seguinte maneira. No v. 1, há uma saudação inicial, seguida de uma ação de graças (v. 2). Então, apresentam-se dois motivos desta ação de graças: a vida dos tessalonicenses, iluminada pelo anúncio do Evangelho, feito com poder e convicção (vv. 3-5); e a postura de verdadeiros discípulos e testemunhos de Cristo (vv. 6-10). Apresentamos a seguir uma análise teológica do texto.

v. 1 Paulo, Silvano e Timóteo à Igreja dos tessalonicenses em Deus Pai e no Senhor Jesus Cristo. Graça e paz a vós.

O versículo inicial da correspondência é bastante breve. Não recorre a muitas explicações sobre a natureza da autoridade paulina ou a uma caracterização dos remetentes. Contudo, as palavras, bem escolhidas, carregam detalhes cheios de significado teológico, o que exige uma pequena divisão em nossa análise:

a) Os remetentes da carta

Paulo provavelmente ditou a carta para um redator, que pode ter sido Silvano. Contudo, as expressões bastante familiares e amistosas do texto e o diálogo que se estabelece com a comunidade, abusando do "nós", mas também refletindo o "eu" de Paulo (em 2,18; 3,5; 5,27), torna-a personalíssima (BARBAGLIO, 1989, p. 73).

Ainda assim, chama a atenção a carta assinada a três mãos, por Paulo, Silvano e Timóteo. A primeira carta de Paulo não carrega o destaque individualista para o fundador da comunidade. Quer valorizar aqueles que deram sua vida pela causa do Evangelho em Tessalônica e, sobretudo, construíram relação com os novos membros da família cristã que se espalhava pelo mundo. A dimensão colegiada e comunitária que aparecerá no cabeçalho de outras cartas (1Cor 1,1; 2Cor 1,1; Gl 1,1; Fl 1,1; Cl 1,1; 2Ts) reflete o ideário de Paulo com relação às novas comunidades e deixa entrever sua concepção de Cristianismo, que não pode estar a serviço do interesse de uma pessoa ou um grupo em detrimento de outros.

As cartas paulinas enviadas após 1 Tessalonicenses que chegaram a nós nunca apresentam o nome de Paulo desprovido de um complemento. Todas elas carregam um adjetivo que caracterize ou defenda seu apostolado, ora de maneira afetiva (por exemplo, Fm 1), ora mais vigorosa (por exemplo, Gl 1,1). Não se sabe muito bem por que as duas cartas aos Tessalonicenses abrem mão desse recurso. Pode ser que seja só por um estado inicial das cartas e pela falta de opositores ferrenhos dentro da comunidade. Ao mesmo tempo, também pode ser uma mostra de que o serviço – tema caro a 1 Tessalonicenses –, vivido na caridade, dispensa o imperialismo dos cargos e funções.

Silvano é apresentado em Atos 15,22-32 como homem de confiança da Igreja de Jerusalém, um profeta, enviado como porta-voz da reunião em Jerusalém, feita a partir das controvérsias sobre a evangelização dos gentios. Gozava de grande prestígio na Igreja primitiva e pode testemunhar a Paulo e Barnabé o ensinamento que recebeu dos Doze, o que seria essencial para Paulo, que não conheceu Jesus. Quando Barnabé tenta levar João Marcos para a segunda viagem missionária, discute com Paulo e separa-se dele. A nova equipe evangelizadora, que viaja para a Ásia Menor, Macedônia e Acaia (At 15,40–18,22). A Primeira Carta de Pedro (5,12) fala de Silvano como "irmão fiel", indicado como redator do texto, o que faz com que grande parte dos autores atribua a ele também a redação de 1 Tessalonicenses.

No início das cartas de 2 Coríntios, Filipenses, Colossenses e Filêmon, somente Timóteo é relacionado junto a Paulo como coautor da correspondência. Aqui, Silvano aparece e conquista um lugar especial, antecedendo Timóteo na listagem dos remetentes, o que indica maior destaque para os Tessalonicenses. Provavelmente, porque Timóteo visitou a comunidade como embaixador, mas não participou de sua fundação, é listado depois de Silvano.

Timóteo é o grande amigo de Paulo. Foi recrutado na segunda viagem missionária (At 16,1-3), na cidade de Listra ou Derbe, na Ásia Menor. Sintetizava em sua descendência dois mundos: sua mãe hebraica e seu pai pagão (At 16,1) constituíram um interessante personagem, que logo foi visto com carinho por Paulo, tornando-se seu discípulo predileto. Mais que um seguidor, foi companheiro nas missões evangelizadoras (At 17,14ss; 18,5; 19,22; 20,4), muitas vezes enviado por Paulo para as comunidades como seu porta-voz (1Ts 3,2-6; 1Cor 4,17; 16,10; Fl 2,19-20).

Com pouca capacidade de liderança, acima de tudo, Timóteo foi um amigo fiel de Paulo, do qual o evangelizador dos gentios não consegue falar sem um tom afetivo ou de elogio (Fl 2,20) e com o qual formou uma amizade profunda (O'CONNOR, 2007, p. 76). No epistolário paulino, aparece com diferentes funções: como coautor de cartas (2Cor 1,1; Fl 1,1; Cl 1,1; Fm 1), como colaborador (Rm 16,21), como enviado (1Cor 4,17; 16,10; Fl 2,19) e, finalmente, como destinatário de duas cartas.

b) *A ekklesia dos tessalonicenses*

A comunidade cristã reunida em Tessalônica é designada com um termo que não vem do mundo religioso: *ekklesia*. Tratava-se de uma instituição política pública no mundo grego, de caráter legislativo, relacionada à assembleia do povo, que tinha como função decidir o que concernia ao bem comum (BARBAGLIO, 1989, p. 75; FERREIRA, 1991, p. 49). Ela reunia todos os cidadãos com o direito de cidadania, que decidiam sobre leis e medidas administrativas (TRIMAILLE, 1986, p. 21).

O termo *ekklesia* aparece com frequência na versão grega do Antigo Testamento (AT), a Septuaginta (ou LXX), ganhando um sentido essencialmente religioso.

Traduz o termo hebraico *qahal Yhwh*, geralmente designando a assembleia do povo de Deus reunida para algum grande momento na história da salvação. *Qahal Yhwh* marca a convocação oficial do povo de Deus em momentos importantes, de grande decisão, como na ocasião da doação das leis (Dt 4,9-13) no Horeb ou na leitura pública da lei na volta do exílio da Babilônia (Ne 8,1-12). Também define o povo de Deus como comunidade reunida a partir da aliança e em torno do culto a Deus (Dt 23,2-4.9).

Portanto, quando *ekklesia* chega ao Novo Testamento, resgata a dimensão comunitária que nasce do chamado de Deus. Contudo, podemos questionar se a Igreja de Tessalônica, formada por convertidos do paganismo (como veremos no v. 9), era capaz de compreender a força teológica do termo.

Na verdade, a origem gentílica dos tessalonicenses limitava o uso de termos típicos do Judaísmo na epístola. Os semitismos, comuns nos escritos paulinos, são pouco usados em 1 Tessalonicenses. Seriam pouco assimilados pelos convertidos, que também dificilmente compreenderiam as ricas conotações teológicas de alguns termos utilizados pela LXX (BOSCH, 2002, p. 103; COLLINS, 2011, p. 411).

Assim, a opção por traduzir o campo semântico do AT em uma leitura cristã revela muito mais sobre Paulo que sobre seus destinatários. Em primeiro lugar, a opção por *ekklesia* tem uma função política: é um termo que diferencia os cristãos do Judaísmo. Outro termo que designa a comunidade na LXX, *synagogé*, também é usado para caracterizar as sinagogas, marcantes instituições judaicas pós-exílicas. O NT, com exceção de Tiago 2,2, recusa este termo para as comunidades cristãs, sempre chamadas de *ekklesia*, garantindo a elas uma identidade diferente das reuniões judaicas.

Quando Paulo opta por chamar a comunidade cristã de *ekklesia*, reflete suas mais profundas concepções sobre a natureza desta nova família. Deus se encarnou em Jesus, convocando, em Jerusalém, aqueles que dariam seguimento ao projeto do Reino, sua Igreja. Contudo, também Paulo ouve o chamado para reunir o povo de Deus disperso pelo mundo pagão, para que eles também escutem a voz divina que os convida a congregar-se. Dessa forma, em todos os lugares onde o Evangelho fosse anunciado, a Igreja estaria presente. "Atente-se bem: não porção ou parte da Igreja, mas simplesmente Igreja nascida no meio da população tessalonicense, porque a comunidade dos convertidos à fé cristã apresentava em tudo a realidade significada pela palavra *ekklésia*" (BARBAGLIO, 1989, p. 74).

Ao caracterizar o remetente como "Igreja dos tessalonicenses", Paulo vê uma identidade de continuidade com o Antigo Testamento. É a iniciativa de Deus que encontra um campo fértil no coração dos que ele escolheu, agregando-os em um grupo com uma nova forma de relacionar-se, como uma expressão da própria relação entre Deus e os homens.

A dominação romana da época fundamentava uma sociedade classicista e discricionária, na qual os cristãos estavam subjugados aos romanos e aos judeus. O espírito da *pax romana* era o do controle pelo medo, que, longe de dar autonomia para as classes mais pobres, desejava a passividade dos dominados e a submissão absoluta a Roma. Somente o império deveria ser capaz de garantir a paz, por meio do grande enviado de Deus, verdadeiro autorizado, o imperador.

No espírito dessa falta de democracia, que legitimava o interesse das classes dominantes, está a formação de um novo grupo social, refletido na comunidade cristã de Tessalônica. Ela não é convocada pela voz do imperador, para seguir o modelo de vida romano. Ao contrário, é convocada pelo verdadeiro Deus e colocada como uma assembleia de novas relações. Novas relações que rompem com a dimensão individualista enquanto "reunião" e superam a dimensão horizontal da relação com o outro enquanto chamado do Outro (FAUSTI, 2000, p. 25).

c) *Reunida no Pai e no Filho*

Como os gentios convertidos dificilmente compreenderiam o que significava serem "assembleia", "igreja", Paulo dá uma explicação da implicação do termo ao associá-lo à expressão "em Deus Pai e no Senhor Jesus Cristo". Na afirmação, não são os remetentes da carta que estão associados a Deus, e sim a comunidade de Tessalônica.

Ser reunidos *em* Deus Pai e em Jesus implica verdadeira comunhão. Paulo mostra que não está falando das assembleias pagãs ou das reuniões judaicas (COLLINS, 2011, p. 411), mas da Igreja que se reúne em torno de uma experiência que transforma a vida e dá para aqueles pobres trabalhadores uma valorização nunca alcançada pelo modelo romano ou judaico de governo e de religião. A comunidade é pequena em tamanho, mas grande em dignidade, porque se reúne *em* Deus. Trimaille (1986, p. 24) nota que a expressão *em* não tem o sentido de simples união. Mais que isso, estabelece entre a Igreja de Tessalônica e Deus – Pai e Filho – uma relação causal: um é consequência do outro. Deus é quem convoca a assembleia e dá a ela o sentido que garante sua existência. Deus Pai é o princípio de onde vem a comunhão com os cristãos. É a forma privilegiada com que Cristo invoca a Deus (Mc 14,36), ensinando-nos o caminho da filiação como a verdadeira forma de viver. Paulo, ao manifestar seu sentimento filial com relação a Deus, mostra que a igreja dos tessalonicenses havia recebido com o coração a proposta de Jesus.

Paulo funda a comunidade e a anima. Mas a pregação do verdadeiro apóstolo, mesmo um fundador de comunidades, pende para a pessoa de Jesus (FAUSTI, 2000, p. 23). A existência da igreja dos pobres tessalonicenses acontece em Jesus, que é chamado de *Kyrios*, um título específico do imperador. É tão importante, que aparecerá outras dezessete vezes na carta (1,1.3.6.8; 2,15.19; 3,11.12.13; 4,1.2.6.15a.b.17; 5,9.27.28). O imperador Otaviano (29 a.C.-14 d.C.) foi o primeiro a ser chamado de *divus* (deus), exigindo que a ele se prestasse culto. O uso tão frequente de *Kyrios* para definir Jesus indica uma relativização do imperador, uma demitização do falso *Kyrios*, César Cláudio, e uma absolutização do verdadeiro Cristo, Jesus. A palavra, para os tessalonicenses, tomou um sentido libertário: Cristo é o único Senhor e mais ninguém (FERREIRA, 1991, p. 50).

d) *Graça e paz*

A saudação feita com "graça e paz" era certamente um reflexo litúrgico e soaria, portanto, como bênção, especialmente importante na leitura pública, feita com a comunidade reunida (MANINI, 2012, p. 10). A "graça" indica beleza, favor, gratuidade, amor. A paz é uma saudação típica do mundo judaico (*shalom*). Está ligada à era messiânica e leva à igualdade, não à diferença de classes. Toda a humanidade é reunida no Messias. O desejo de paz soa como um contraponto ao poder imperial romano. "É outra crítica e relativização da tão decantada *pax romana*, que é mentirosa, discricionária e classicista. A paz de Jesus é verdadeira e igualitária. A *ekklesia* deve fazer a opção ou pela *pax romana* que leva à morte, *ou pela paz de Jesus* que leva à vida" (FERREIRA, 1991, p. 24, grifo do autor).

> *v. 2 Damos sempre graças a Deus por todos vós, fazendo continuamente memória de vós em nossas orações,*
>
> *v. 3 recordando diante de Deus, nosso Pai, vossa fé operante, vossa caridade laboriosa e vossa esperança constante no Senhor nosso Jesus Cristo,*

O texto continua com uma oração de ação de graças, típica do epistolário paulino. De fato, a gratidão é o sentimento que pode ser expresso diante do êxito na evangelização, dirigida ao Pai, que está na base de toda ação apostólica, como um reconhecimento da iniciativa salvífica de Deus e de sua ação eficaz (BARBAGLIO, 1989, p. 77). Um detalhe formal chama a atenção: Paulo não fala sozinho, mas assimila os outros dois remetentes no ambiente de oração inicial, característica que se manterá na carta (o que somente acontece em 2Cr). Em geral, mesmo quando a carta apresenta mais de um autor, o singular é usado, com exceções aqui, em 2 Tessalonicenses 1,3 e Colossenses 1,3, somente (FEE, 2009, p. 58). O coletivo permanece como uma marca para a Igreja de Tessalônica.

Podemos conhecer mais as características da condição cristã nas comunidades paulinas por meio da breve descrição dos cristãos em Tessalônica, dada especialmente no v. 3. A descrição da oração feita por Paulo resgata da memória do apóstolo a marca que define a prática da comunidade: as três virtudes chamadas por nós de teologais. A tríade fé – amor – caridade é a referência fundamental que define a vida cristã para a Igreja primitiva, bem assimilada por Paulo e continuamente manifesta em suas cartas. Mais do que meramente reproduzir a catequese primitiva, Paulo qualifica a tríade de virtudes, manifestando seu ideário de comunidade cristã:

a) *A fé operante:* a fé é a apropriação da salvação dada por Deus, feita com a assimilação consciente da obra do Senhor em favor dos homens. Porém, não pode ser feita como atitude exclusivamente interior, contemplativa. Deve operar no homem o movimento do interior para o exterior, encaixando o homem no plano de salvação dado por Deus. De fato, os tessalonicenses acreditavam na morte e ressurreição de Jesus (4,14) e, assim motivados, abandonaram os ídolos para servir ao Deus verdadeiro (1,9).

b) *A caridade laboriosa:* o amor que une a comunidade não é um jargão de afetividade dramática. Trata-se do amor como imagem do próprio Cristo, não entoado, mas praticado. Em uma comunidade de pobres que lutavam por sustento e sobrevivência, o vínculo comunitário exigia implicação concreta.

c) *Esperança constante:* é um tema tipicamente paulino, que aparece 36 vezes nas cartas (TRIMAILLE, 1986, p. 28). Diante das perseguições judaicas e da forma de vida imposta por Roma, a comunidade dos tessalonicenses descobre na vitória de Cristo sobre a morte e na sua segunda vinda o grande motivo que dá sentido à luta cotidiana. Por isso, diante da fé que opera e gera caridade, a esperança não é sentimental, não vai e volta. É atitude constante, que não se prende ao futuro, mas transforma o presente, mesmo diante das provações. Na esperança, a comunidade participa da construção de um novo amanhã.

> v. *4 sabendo, irmãos amados por Deus, qual é vosso chamado.*

> *v. 5 Porque nosso Evangelho não chegou a vós somente em palavra, mas também com poder, no Espírito Santo, e pleno de convicção, conforme sabeis que estivemos entre vós por causa de vós.*

Paulo segue apresentando os traços da Igreja de Tessalônica. Politicamente, os irmãos estão organizados em uma assembleia, a *ekklesia*. Isso é particularmente importante porque, ao assumir que a Igreja de Tessalônica era formada por uma maioria bastante pobre, também devemos considerar que a participação dessa parcela do povo nas estruturas políticas era ínfima. Não se sentiam representados por nenhum conselho ou instituição. Agora, os chamados por Deus são Igreja.

A vida dessa nova comunidade não é guiada exclusivamente pelas decisões legislativas que baixam por decreto romano. A prática das virtudes constrói uma nova forma de olhar para o outro. Enraizar-se em Deus e na experiência com Jesus cria fraternidade, o que permite que Paulo chame os tessalonicenses de "irmãos amados". Não é somente uma forma afetuosa de dirigir-se aos membros da igreja. Paulo insiste no termo mais dezoito vezes (1,4; 2,1.9.14.17; 3,2.7; 4,1.6.10a.10b.13; 5,1.4.12.14.25.26.27) (FERREIRA, 1991, p. 25), já que representa o vínculo humano vivido pelos tessalonicenses e paradigmático para a comunidade cristã. A nova organização política assumia uma forma nobre e bela, já que tinha como origem o sentimento de pertença filial a Deus, além de uma entrega fraterna ao outro.

Na estrutura social e política de Tessalônica, o grupo pobre dos cristãos estava excluído dos espaços nucleares e dos centros de decisão. Os pequenos trabalhadores, à luz do culto do imperador e à sombra da proteção oferecida pela *pax romana*, não se encaixavam na religião patriótica (FERREIRA, 1991, p. 22). Esta era operacionalizada pelas classes dominantes e fechava as portas para a participação dos que não estavam ao lado dos colonialistas.

A organização dos "irmãos amados por Deus" coloca os pequenos no centro, como resistência ao eclipse dos marginalizados em Tessalônica. A teologia paulina, mais uma vez, resgata sua dignidade ao afirmar que são chamados, ou melhor, "eleitos". Israel é classicamente o povo eleito por Deus, mas a teologia paulina estende a eleição para aquele que se assimila a ela pela fé em Cristo.

A eleição é um definidor da eclesiologia paulina e está intimamente vinculada à escatologia. No horizonte da ideia da eleição está a expectativa da vinda iminente de Cristo, a *parusia* iminente, que será desenvolvida em outras seções de 1 Tessalonicenses. Aquele que se sente eleito e, consequentemente, salvo, imediatamente entra na dimensão da fundamental esperança escatológica. "As duas noções estão imediatamente vinculadas: a eleição nomeia a realidade da salvação presente entre os tessalonicenses, a *parusia* de Cristo sua esperança fundamental" (SCHNELLE, 2014, p. 215).

Assim, ao estender a existência para uma dimensão além da terrestre, os tessalonicenses podem entender-se como Igreja de Deus, vocacionada como escolha escatológica da graça de Deus. "Dessa maneira, Deus é a origem e o sujeito de todo o acontecimento salvífico, e isto realça o primado da *teo*logia na carta mais antiga de Paulo" (SCHNELLE, 2014, p. 215).

> *v. 6 E vós vos tornastes nossos imitadores, como também do Senhor, tendo recebido a Palavra entre muitas aflições, mas com a alegria do Espírito Santo,*
>
> *v. 7 de modo a tornar-vos modelo para todos aqueles que creem, tanto na Macedônia como na Acaia.*
>
> *v. 8 Porque, partindo de vós, a Palavra do Senhor não só ressoou na Macedônia e na Acaia, mas a todo lugar vossa fé diante de Deus tem chegado, de modo que já não há mais necessidade de que falemos disso.*

A palavra de Paulo é pregada com o poder do Espírito Santo, o que garante o sucesso do Evangelho. Paulo insiste na oposição entre a "simples palavra" e a palavra que é desdobramento da ação do Espírito (1Cor 4,20), que é um dos fundamentos da pneumatologia paulina. É também pelo Espírito Santo que o anúncio do Evangelho se desdobrará como testemunho tessalonicense diante dos outros gentios (1Ts 1,6-9a). De fato, os tessalonicenses reconhecem uma palavra diferente da dos homens (1Ts 2,13).

Uma primeira característica que segue a escuta da Palavra feita no Espírito é a participação nas perseguições. A imitação no sofrimento é um elemento central da apocalíptica judaica, que insiste no sofrimento dos justos no tempo escatológico (Sl 33,20; 36,39; Dn 12,1; Hb 3,16; Sf 1,15; 1QM 1,1s; 1QH 2,6-12; 4Esd 7,89; BrSir 15,7s; 48,50) (SCHNELLE, 2014, p. 216).

De fato, a Igreja dos tessalonicenses não imita os apóstolos no sofrimento por uma decisão objetiva. O sofrimento é cunhado como marca daquele que faz opção por Cristo, já que o próprio Cristo assimilou na sua missão o sofrimento. Por isso, a imitação de Tessalônica está ligada nos vv. 5-6 à Palavra, proclamada por Paulo, mas, antes, vivida por ele "pleno de convicção". A perseguição seria um resultado natural. "Exprimindo-se assim, Paulo coloca os tessalonicenses na corrente de um processo histórico. Eles não são os primeiros: antes deles, houve o Senhor, os apóstolos e as igrejas da Judeia" (TRIMAILLE, 1986, p. 37).

Ferreira (1991, p. 25) ressalta o caráter político do v. 6. A mensagem de Cristo torna-se subversiva na Igreja dos Tessalonicenses porque os pobres podiam entender que a mensagem do Evangelho era para eles. Não havia mais mediadores políticos para achegar-se a Deus. Mais: eles estavam tornando-se modelos para outras igrejas. Um grupo pequeno de seguidores fiéis começava a ser olhado pelo império, uma vez que se tornavam catalizadores na região (FERREIRA, 1991, p. 25). De fato, Atos dos Apóstolos, trinta anos depois, vai salvaguardar a força revolucionária da comunidade (At 17,1-9).

> *v. 9 De fato, conta-se a vosso respeito qual não foi a receptividade que tivemos junto de vós, e de como vos voltastes dos ídolos para Deus, para servir o Deus vivo e verdadeiro,*

> *v. 10 e para aguardar dos céus o seu Filho, a quem ressuscitou dos mortos, Jesus, aquele que nos livra da ira que está por vir.*

Os vv. 9 e 10 formam um compêndio da vida e da fé cristãs, apresentando o argumento principal do querigma primitivo: a natureza divina de Jesus, sua dignidade como *Kyrios*, sua ressurreição e sua nova vinda (ZEDDA, 1965, p. 89). Trata-se de um antigo sumário da pregação missionária cristã-primitiva (PESCE, 1996, p. 63). Barbaglio (1989, p. 81) mostra como a fé em Cristo ressuscitado é conectada à esperança em sua *parusia* futura de libertador e salvador, uma expressão muito antiga da fé cristã que será superada em pouco tempo. Paulo estenderia as expectativas apocalíptico-escatológicas do mundo judaico, ressignificadas pelo Cristianismo, também aos tessalonicenses.

Para Ferreira (1991, p. 58-59), aqui está também um conflito ideológico entre o Cristianismo e a dominação imperial. Em boas partes, isso teria acontecido a partir da assimilação do culto do Deus Cabirus no culto oficial da elite, feita no tempo de Augusto. O'Connor (2007, p. 94-95) narra que a lenda de Cabirus contava a história de um jovem assassinado por seus irmãos e que deveria voltar, vencendo a morte, para ajudar os pobres e a cidade de Tessalônica. Seu símbolo era o martelo, sendo procurado pelos trabalhadores manuais em busca de bênção, com grande apelo popular.

Assim, a exclusão dos trabalhadores do povo, além de mascarada em uma falsa democracia, que atingia o mundo político, social e econômico, havia chegado também no campo religioso. O deus dos pequenos havia mudado de lado e devia passar a atender os ricos. Naturalmente, a pregação de Paulo, insistindo em um deus jovem que havia vivido com os moribundos, vencido a morte e ressuscitado, logo atingiu as classes mais baixas de Tessalônica. As autoridades municipais devem ter visto rapidamente o poder aglutinador dessa mensagem e o risco de sua assimilação inflamar uma ação revolucionária (O'CONNOR, 2007, p. 95).

A situação se torna ainda mais crítica para as classes dirigentes, uma vez que o "Deus vivo e verdadeiro" de Paulo contém elementos típicos da propaganda helenístico-judaica, os quais pedem para os homens se converterem ao verdadeiro culto do "Deus vivo e verdadeiro" (KOESTER, 2004, p. 161).

A ameaça era evidente para o culto cívico, manipulado pelas elites, que controlavam as massas a partir do medo da morte e do castigo dos deuses. Para ser salvo, o indivíduo precisaria estar amparado pelo *Kyrios*, entendido como o imperador (FERRE). A mensagem cristã, mesmo depois da partida de Paulo, em ritmo de fuga, floresce na comunidade de Tessalônica. Propõe um novo *Kyrios*, dá dignidade para as classes humildes, restaura a vida religiosa delas, descaracteriza o imperador, ensina contra o politeísmo. Em última instância, leva à vida, porque dá esperança de um novo tempo, por meio da participação aqui e agora, por meio da fé, esperança e caridade, do "dia" de julgamento de Deus. A dignidade futura é experimentada no presente (KOESTER, 2004, p. 168).

NA ESPERANÇA EM CRISTO RESIDE A RESISTÊNCIA AO MUNDO

O início da Primeira Carta aos Tessalonicenses, de fato, dá um testemunho privilegiado do nascimento e consolidação de uma comunidade cristã. Mostra a luta para que um grupo pequeno e pobre, excluído da vida social e religiosa, encontre esperança que dê à vida uma nova orientação.

Estudamos 1 Tessalonicenses 1,1-10 como um harmonioso acorde, que dá à canção entoada em 1 Tessalonicenses o tom de ação de graças. Fausti (2000, p. 22) sublinha essa dimensão eucarística (*eukharistia:* "ação de graças") no início da carta e mostra como ela deve marcar a atitude do cristão, especialmente em meio às dificuldades. Com uma nova atitude diante do sofrimento, a existência passa a ser vivida relativizando as dificuldades do mundo presente à glória do Reino escatológico.

Mais ainda, o amor da comunidade é a grande alternativa para que os bens futuros não sejam somente promessa que gera esperança, mas vida que acontece e transforma realidades. A fé, esperança e caridade, à medida que são a reposta do homem que se encontra com a salvação em Jesus, fazem-no penetrar no sentido da criação, que não marca a espera passiva pelo que vem, mas a alegria contagiante de confundir presente e futuro, sendo sinal concreto de Cristo para os que mais sofrem.

De fato, os tessalonicenses ganham a consciência de serem Igreja escolhida e ensinada por Deus a amar mutuamente (1Ts 4,9). Essa nova forma de relações é uma ameaçadora mensagem de resistência ao império. Rompe com o conformismo que aceita passivamente as estruturas que levam à morte. Ensina a vigorosa libertação dos ídolos, feita com base em um Cristianismo que transborda em novas relações e ações, que se espalham com a *dynamis* do Espírito, não em forma de discurso bem elaborado, mas de testemunho bem vivido, que contagia e constrói um novo futuro.

BIBLIOGRAFIA

BARBAGLIO, G. *As cartas de Paulo (II)*. São Paulo: Loyola, 1989.

BOSCH, J. S. *Escritos paulinos.* São Paulo: Ave-Maria, 2002.

COLLINS, R. F. A Primeira Carta aos Tessalonicenses. In: BROWN, R. E. et al. *Novo comentário bíblico São Jerônimo. Novo Testamento e artigos sistemáticos*. São Paulo: Academia Cristã/Paulus, 2011, p. 407-420.

DUMAIS, M. As cartas aos tessalonicenses. In: CARREZ, M. et al. *As cartas de Paulo, Tiago, Pedro e Judas.* São Paulo: Paulus, 1987.

FAUSTI, S. *La fine del tempo:* Prima lettera ai Tessalonicesi. Commentario spirituale. 2. ed. Casale Monferrato: Piemme, 2000.

FEE, G. D. *The First and Second Epistles to the Thessalonians.* Grand Rapids: Eerdmans, 2009.

FERREIRA, J. A. *Primeira Epístola aos Tessalonicenses:* a Igreja como esperança dos oprimidos. Petrópolis: Vozes, 1991.

KOESTER, H. A ideologia imperial e a escatologia de Paulo em 1 Tessalonicenses. In: HORSLEY, R. A. *Paulo e o império*: religião e poder na sociedade imperial romana. São Paulo: Paulus, 2004, p. 161-168.

MANINI, F. *Lettere ai Tessalonicesi:* introduzione, traduzione e comento. Milano: San Paolo, 2012.

O'CONNOR, J. M. *Paulo de Tarso:* história de um apóstolo. São Paulo: Loyola, 2007.

PESCE, M. *As duas fases da pregação de Paulo.* São Paulo: Loyola, 1996.

SCHNELLE, U. *Paulo:* vida e pensamento. São Paulo: Academia Cristã, 2014.

SCHÜRMANN, H. *A primeira Epístola aos Tessalonicenses.* Petrópolis: Vozes, 1969.

SPINETOLI, O. *Lettere ai Tessalonicesi.* 2. ed. Milano: Paoline, 1977.

STAAB, K. Cartas a los Tesalonicenses. In: STAAB, K.; BROX, N. *Cartas a los Tesalonicenses, Cartas de la Cautividad y Cartas Pastorales.* Barcelona: Herder, 1974, p. 13-98.

TRIMAILLE, M. *A primeira Epístola aos Tessalonicenses.* São Paulo: Paulinas, 1986.

ZEDDA, S. *Para leer a San Pablo.* Salamanca: Sígueme, 1965.

CAPÍTULO 3
EXCURSO

PERSEGUIÇÕES E CONFLITOS
UM CRISTIANISMO ANTIRRITUALISTA E ANTI-IMPERIAL

Luiz José Dietrich[1]

INTRODUÇÃO

A Primeira Carta aos Tessalonicenses é o escrito mais antigo do Novo Testamento. Tendo sido escrita provavelmente entre o ano 51 e 52 d.C., uns vinte anos antes do Evangelho de Marcos, mostra o rosto do Cristianismo sendo formado ainda dentro do Judaísmo. Os conflitos acontecem com as autoridades e as instituições do Judaísmo oficial e do Império Romano, estabelecidas na cidade de Tessalônica.

---

[1] Luiz José Dietrich é mestre e doutor em Ciências da Religião pela UMESP. Professor no mestrado e doutorado em Teologia da PUCPR. E-mail: <luiz.dietrich@pucpr.br>.

O Cristianismo nascente não se dá bem com a concentração de poder e riqueza que havia no Império Romano. As primeiras comunidades de seguidores e seguidoras de Jesus, ao buscarem viver de modo coerente com o Evangelho, propõem alternativas, têm valores e práticas que, ao mesmo tempo, anunciam, antecipam e concretizam sua esperança no Reino de Deus, denunciam as injustiças existentes no império, reino dos humanos que pensam ser Deus. Os imperadores são adorados como imagem e semelhança do Deus do Poder e do Dinheiro. E os que o adoram sonham alcançar, também eles, os altos degraus do poder e da riqueza. Os primeiros cristãos veem a presença e a revelação de Deus na face de Jesus, o crucificado, uma das muitas vítimas condenadas à morte por este império e seus deuses e por aqueles que os seguiam.

OS TESSALONICENSES

Quem eram os "tessalonicenses", a quem Paulo escreve? Em Atos 20,4, temos os nomes de duas pessoas da comunidade dos tessalonicenses: Aristarco e Segundo. Embora Atos dos Apóstolos não seja uma fonte muito confiável para falar das comunidades paulinas, pois o livro foi escrito muito tempo depois, por outros autores e em contexto apologético, a informação dada por estes nomes, de certa forma, combina com a informação da carta. Lendo a carta, podemos perceber que a maioria dos membros da comunidade fundada por Paulo era de não judeus. O nome Aristarco sugere uma nacionalidade Macedônia-grega e Segundo, uma nacionalidade latina. Em 1 Tessalonicenses, Paulo escreve que os tessalonicenses "se converteram dos ídolos a Deus, para servir ao Deus vivo e verdadeiro". Isso nos permite concluir que a *Ekklesia*, "a comunidade de Tessalônica, não se formou a partir de uma divisão da comunidade dos judeus, pois estes já acreditavam no Deus da Bíblia" (PIXLEY, 1997, p. 66).

A propaganda e a liturgia imperial não deixaram essa divindade de Augusto ficar restrita a ele como um carisma pessoal. A divinização passou dele para seus sucessores e destes para os seguintes. E, assim, na dinastia Júlio-Claudiana também foram considerados divinos Calígula e Nero, na dinastia Flaviana com Vespasiano e Tito, indo até a do imperador Domiciano.

A divindade do imperador era simplesmente a ideologia que mantinha o império unido e a teologia que permitiu ao orgulho e à tradição gregos aceitarem graciosamente a lei e a ordem romana. Em todo caso, este carisma divino estava relativamente fresco quando Paulo chegou a Tessalônica, dominada pelo imperador Cláudio (CROSSAN; REED, 2004, p. 160).

E com isso Paulo mais e mais começou a expressar seu entendimento do poder de Cristo usando as palavras presentes no idioma da propaganda imperial (HORSLEY, SILBERMAN, 1997, p. 156). Ele apresentou aos tessalonicenses o "Evangelho de Deus" (1Ts 2,2.9), que ele também chamou de "nosso Evangelho" (1Ts 1,5). Porém, ao invés de estar falando do imperador, venerado como *Theós*, ele estava falando de Jesus, de preparar-se para a sua segunda vinda. Para Paulo, em 1 Tessalonicenses isso significa: "esperar dos céus o seu Filho, que ele ressuscitou dos mortos: Jesus, que nos livra da ira futura" (1Ts 1,10).

Esse Deus, que Paulo lhes apresentou, portanto, deverá manifestar-se, em breve, sua ira contra a injustiça.

Antes de fazê-lo, porém, enviará seu filho Jesus para salvar as pessoas que fazem parte da rede de assembleias fundadas por Paulo e seus associados. Durante a espera da *parusia* do Filho de Deus (linguagem com forte ressonância política para os macedônios), dever-se-ia se viver de uma forma "digna de Deus que os chama para seu Reino e glória" (1Ts 2,12) (PIXLEY, 1997, p. 66-67).

Em que consistia essa "vida digna do Deus que os chama"? Deveria ser uma forma de vida que os diferenciassem daqueles que seriam condenados pela ira de Deus, daqueles que praticavam a injustiça. Deveriam viver de forma antecipada os valores e as relações que esperavam viver no Reino de Deus que seria inaugurado com a *parusia* do Filho de Deus.

Parusia, no mundo greco-romano, significava a "a chegada", "a presença", de um príncipe, ou mesmo do imperador, ou de um deus. Nos tempos romanos, designava o pomposo desfile que marcava a chegada do imperador com toda sua corte e seus generais, com todas as suas armas e armaduras, cercado com sua legião de guerreiros de elite, ao visitar alguma cidade. Tessalônica assistiu a muitas "parusias" de generais, e grandes representantes do império, como Germânico, Nero e Adriano.

A visita destas grandes autoridades era uma manifestação do seu poder, da sua "glória". Nestas visitas todas as autoridades locais deviam colocar suas coroas ou os símbolos de seus cargos e de seu poder aos pés do visitante. Com isso, afirmariam a sua submissão e obediência. Nestes momentos também os reis e imperadores aproveitavam para punir os rebeldes, os desobedientes e traidores. As punições iam desde a simples destituição, ou confisco de bens e prisão, até a condenação ao exílio, à escravidão ou à morte. Toda a cidade se preparava para a visita. Especialmente aqueles que tinham cargos designados pelo imperador. Todos deviam demonstrar absoluta lealdade e obediência ao imperador.

A palavra *parusia* aparece quatro vezes em 1 Tessalonicenses: 2,19; 3,13; 4,15; 5,23. Paulo usa essa palavra para falar da *vinda* de Jesus, ressuscitado e com poder. Ao fazer isso ele quer estabelecer "a total superioridade do Cristo ressuscitado que volta como o Senhor sobre todos" (HARRISON, p. 182.). A ideia aqui não é subir aos céus para lá ficar com Cristo, mas de retornar com ele para este mundo transformado (CROSSAN; REED, 2004, p. 170). Paulo propõe que seus ouvintes se preparem, começando desde já a viver as relações que serão estabelecidas neste mundo transformado. De modo semelhante, Paulo também promove uma releitura da palavra *apántesis*, que era usada para descrever o encontro da cidade com as autoridades do Império Romano, ao usar esta palavra para descrever o encontro da comunidade com Jesus (1Ts 4,17), na sua *parusia* (HARRISON, 2016, p. 182).

PERSEGUIÇÕES E VIOLÊNCIAS

Várias vezes em 1 Tessalonicenses Paulo cita perseguições, tribulações, mas não explicita quais teriam sido os motivos que causaram estas atribulações e sofrimentos nem especifica quem é que está infligindo estes sofrimentos aos seguidores e seguidoras de Jesus. Em 1,6 fala de "tribulação" (no grego: *thlípsis*); em 2,3 menciona "tanta oposição" (*polô agôni*); em 2,8 Paulo escreve que estava disposto a dar não só o Evangelho, mas até a "própria vida", porém, não fica claro se é devido ao excesso de trabalho ou devido às ameaças aos evangelizadores. Em 2,14 menciona que os membros da comunidade de Tessalônica "tiveram de sofrer da parte de seus conterrâneos" o mesmo que as comunidades da Judeia tiveram de sofrer por parte dos líderes judeus, que "mataram Jesus" e perseguiram Paulo e seus companheiros. A palavra "sofrer", em grego *epáthete*, é uma declinação do verbo *pascho*, que é o mesmo que está na raiz da palavra "paixão", com a qual costumeiramente nos referimos a todos os sofrimentos que Jesus passou em seus últimos dias. Em 3,3 Paulo fala outra vez de "tribulações" (*thlípsesin*, da mesma raiz de *thlípsis*, já usada em 1,6) e em 3,4 diz ter avisado a comunidade que passariam por "opressões" (no grego: *thlíbesthai*, do verbo *thlíbo*, "apertar, oprimir"). Em 3,7 Paulo usa ainda mais uma vez o verbo *thlípsis*, acompanhado da palavra *anagkê*, aflição, necessidades.

Com estas palavras 1 Tessalonicenses nos descreve os sofrimentos e as violências pelas quais passava a comunidade de seguidores e seguidoras de Jesus em Tessalônica. O que mais podemos saber a partir destas palavras?

Paulo estava preocupado, pois já em Filipos, a caminho de Tessalônica, tiveram de passar por "sofrimentos (*propáscho*) e insultos (*hibristhéntes*, do verbo *hibrídzo*, que se refere a maus-tratos, ultrajes, insultos)", e ele mesmo anunciara o Evangelho aos tessalonicenses em *pollô agôni*, isto é, muita luta, muito confronto e oposição (2,2). E, pelas notícias que Paulo teve de Tessalônica, ele soube que ali se repetiram os mesmos conflitos que ocorreram em Filipos.

Os conflitos mencionados, especialmente aqueles que foram causados pelos "conterrâneos", certamente envolviam autoridades romanas. Isso é reforçado pelo fato de que Paulo parece ter tido algum tempo de sossego apenas quando se refugiou numa província adjacente ao império, em Atenas, na fronteira sul da província da Acaia (1Ts 1,7-8; 3,1; cf. At 17,15).

CONFLITOS COM LIDERANÇAS JUDAICAS

Em Atos dos Apóstolos, a perseguição maior parece vir dos "judeus", como pode ser visto em At 17,1-15. Conforme Atos dos Apóstolos, "os judeus" de Tessalônica, com inveja do sucesso de Paulo, denunciam Paulo às autoridades locais dizendo: "estes que estão revolucionando (cf. BJ), ou provocando desordens (cf. NBP[2]) no mundo inteiro, agora apareceram por aqui... todos eles agem contra os decretos de César, afirmando que existe um outro rei chamado Jesus" (At 17,6-7). Ainda segundo Atos dos Apóstolos, estes mesmos "judeus de Tessalônica", ao saberem "que Paulo tinha anunciado a Palavra de Deus em Bereia, também foram até aí, a fim de agitar e revoltar as multidões" (17,13). É possível que tenham havido alguns conflitos com algumas autoridades dos judeus no tempo de Paulo. Mas o quadro descrito nos Atos dos Apóstolos, que também pode ser visto nos Evangelhos de Mateus e João, certamente reflete uma realidade posterior à destruição do templo de Jerusalém pelos romanos em 70 d.C. Após os acontecimentos do ano 70, os conflitos entre seguidores e seguidoras de Jesus entra numa espiral crescente de acusações e violências,

---

[2] BJ = *Bíblia de Jerusalém* (São Paulo: Vozes, 2002); NBP= *Nova Bíblia Pastoral* (São Paulo, Paulus, 2014).

que irá culminar com a **separação definitiva dos seguidores de Jesus das sinagogas, do Judaísmo**.

Assim, para muitos exegetas, a frase "daqueles judeus que mataram o Senhor Jesus e os profetas", que se encontra em 1 Tessalonicenses 2,14-15, é vista como um acréscimo posterior. Paulo refere-se aos "judeus" vinte e quatro vezes em suas cartas. Em nenhum outro lugar aparece uma referência tão pejorativa como esta, escrevendo "os judeus" como referindo-se a um outro grupo, e acusando-os de terem matado Jesus. Essa acusação reflete um modo de pensar muito mais próximo de Mateus, de João e de Atos dos Apóstolos, isto é, contextos posteriores ao ano 85 d.C., quando as autoridades judaicas que comandavam as sinagogas começaram a tomar medidas mais violentas e drásticas contra os seguidores e seguidoras de Jesus (Mt 5,11; 10,17-23; 24,9-13), que culminarão com a expulsão das sinagogas, claramente atestada apenas no Evangelho de João (Jo 9,22; 12,42; 16,2).

Isso não significa que Paulo não tenha tido conflito com grupos judeus (2Cor 11,24). Mas no tempo de Paulo e de suas cartas os conflitos mais violentos devem ter acontecido com as autoridades romanas, ou seus aliados, em Tessalônica.

Em 1 Tessalonicenses 2,14, Paulo tem em alta consideração a comunidade dos tessalonicenses por terem sofrido, "por parte de seus conterrâneos", o mesmo que as comunidades da Judeia sofreram por parte dos judeus. A comunidade dos tessalonicenses era formada em sua maioria por não judeus. Conforme Atos dos Apóstolos, eram "gregos adoradores de Deus, e não poucas mulheres da alta sociedade" (At 17,4), em sua maioria de origem gentia, que "se converteram dos ídolos" (1Ts 1,9). Paulo teria dito a eles que a fé em Jesus exigia uma vida comunitária coerente, com o amor e a solidariedade sendo vividos no dia a dia: não poderiam continuar a seguir a lógica e a ética ditadas pelos deuses do império, que estavam presentes "nas suas refeições, em seus banhos e festivais durante seis dias por semana e ir ao encontro do Deus Verdadeiro no sábado, na sinagoga" (CROSSAN; REED, 2004, p. 164). Somente superando o ritualismo e sendo coerentes com o Evangelho de Jesus é que poderiam escapar da ira vindoura (1Ts 1,10). Paulo anunciava aos judeus e também aos gentios a possibilidade de participarem pela fé, bem como pelo seguimento do Evangelho de Jesus, da herança do Reino de Deus prometido a Israel. Participar já, agora, sem ter de esperar pelo final dos tempos como os profetas anunciaram e como a tradição ensinava (SOARES, 1995, p. 40).

Certamente essa pregação de Paulo deve ter irritado os judeus da sinagoga. Ele relativizava a importância da circuncisão e de suas leis rituais, e lhes tirava pagãos que eram "prosélitos" (convertidos ao Judaísmo), e "adoradores ou tementes a Deus" (pagãos simpatizantes do Judaísmo e de seu Deus). Estes prosélitos, e tementes ou adoradores de Deus, eram importantes porque funcionavam como intermediários entre os judeus que não se queriam contaminar com as impurezas do mundo pagão, com o qual faziam negócios, compravam e vendiam serviços e mercadorias. Era uma forma legalista e ritualista de manter a pureza ritual, mesmo vivendo e negociando em uma terra estrangeira e pagã.

Alguns desses pagãos podiam ser trabalhadores pobres, mas outros, como as mulheres mencionadas em

Atos 17, poderiam ser também ricos e influentes, "patrocinadores, protetores, patronos" (CROSSAN; REED, 2004, p. 164) de negociantes judeus na cidade de Tessalônica (cf. Lc 7,4). Porém, estes prosélitos e tementes a Deus dificilmente eram aceitos plenamente, sempre eram tratados com ressalvas, como judeus de segunda classe, pelos judeus que se consideravam puros descendentes de Abraão, raça eleita por Deus. Na comunidade cristã essas diferenças deveriam desaparecer, e todos e todas, nas comunidades paulinas, eram tratados com a mesma dignidade (Gl 3,28; Cl 3,10; 1Cor 12,13; Rm 10,12).

CONFLITOS COM AUTORIDADES DO IMPÉRIO

Possivelmente os maiores conflitos eram com as autoridades imperiais: em Filipos a acusação é de que os apóstolos "estão perturbando nossa cidade. São judeus e pregam costumes (no grego: *éthôs*, de onde vem a palavra ética) que não nos é permitido aceitar nem praticar, pois somos romanos" (16,20-21). Em Tessalônica, diante das "autoridades da cidade", dos discípulos e apoiadores de Paulo, é dito que "estes são os que andaram revolucionando o mundo inteiro. Agora estão também aqui [...] Todos eles agem contra os decretos de César, afirmando que existe outro rei chamado Jesus" (17,6-7).

Paulo propõe aos tessalonicenses uma ética da imitação de Cristo (GREEN, 2013, p. 71). E as acusações apresentadas contra ele e seus seguidores em Atos dos Apóstolos os apresentam como "anti-império", "antirromanos". Como a carta aos tessalonicenses deixa perceber que a comunidade estava muito preocupada (3,3) com aqueles que já haviam morrido "em Jesus" (4,14), ou "em Cristo" (4,16), é possível que a coerência com o Evangelho tenha causado conflitos com o império e, inclusive, provocado o martírio de alguns membros da comunidade (4,13-18).

Um dos pontos principais do conflito é a proclamação de que Jesus é o Senhor, *Kýrios*. Em 1 Tessalonicenses Paulo usa vinte e duas vezes esse título para Jesus. Para o Império Romano o *Kýrios* é o imperador. E o que o define como *Kýrios* é o seu poder, sua riqueza. Ele é o homem mais poderoso e rico do império. E está no ápice de uma grande pirâmide, onde todos os que estão abaixo dele lhe devem obediência, submissão e favores políticos, pagamento de taxas e impostos, e reconhecimento social.

Essa grande pirâmide política, econômica e social tem no alto o pequeno grupo dos mais ricos e na parte mais baixa a grande massa da sociedade com trabalhadores sem terras e sem propriedades, os doentes, os que viviam de esmolas e os escravos. Os mais ricos prestavam pequenos favores aos de baixo, faziam obras assistenciais. Em geral, estas obras somente amenizavam alguns dos problemas mais urgentes dos pobres, mas não diminuíam efetivamente as desigualdades e ainda os tornavam devedores de favores políticos e reconhecimento social aos mais ricos. Essa ordem se consolidava, se reforçava e se promovia nos sacrifícios aos deuses do império, com as refeições e distribuição de carnes e alimentos que ali aconteciam, e também nos cerimoniais dos banhos públicos e dos festivais organizados pelos ricos patrocinadores destes cultos e santuários.

Essa é a causa primária do conflito com os ídolos. A ideologia e a ética que neles estava implícita e que a partir deles se difundia e consolidava. Os cultos às imagens do imperador e todos os cultos oficiais, repletos de imagens de diversas divindades, legitimavam e reforçavam a concentração de poder e riqueza. A participação nestes cultos tendia a fazer as pessoas aceitarem e assumirem a lógica do sistema imperial, tornando-as insensíveis às injustiças sociais e aos sofrimentos causados pelas desigualdades políticas, econômicas e sociais (Sl 115,8; Jr 2,5; 2Rs 17,15). O uso de imagens ou a participação em banquetes relacionados aos cultos do Império Romano, por si só, não constituíam um problema (1Cor 8,1-13; Rm 14,14. Ver também SOARES, 1995, p. 40). O problema era com esse exemplo desencaminhar, provocar a queda, ou escandalizar algum irmão (1Cor 8,9-13; 10,27-30; Rm 14,14-15.20-21). Isto é, quando o exemplo de participar dos banquetes e celebrações com os deuses oficiais do império induzia as pessoas a aceitarem a ética, os valores e as práticas daqueles que se davam bem no império.

A VIDA NOVA EM JESUS: OS VALORES DO EVANGELHO CONTRADIZEM O IMPÉRIO

Paulo e as comunidades paulinas procuravam seguir o exemplo de Jesus, reconstruindo a comunidade, estimulando a participação e integrando os pobres, os doentes, os marginalizados e excluídos por serem considerados pecadores e impuros ou não cidadãos, além de proporcionar o resgate de sua dignidade, o que propiciará uma experiência de Deus fora dos padrões de pureza e de segregação exigidos pelo Templo e pelo império. Uma experiência de Deus na comunidade, na vida cotidiana, numa participação fraterna em torno da mesa comum, que contagia, que se torna eixo e referência para todas as outras relações. Dessa forma, ele abriu o caminho para que seus seguidores, nas margens das cidades do império greco-romano, constituíssem casas-comunidades que significavam um espaço de resgate da dignidade de ser e de vivência da cidadania para os que eram considerados pecadores e impuros, pelo Judaísmo oficial, e não cidadãos, pelas leis e poderes dominantes.

As primeiras comunidades cristãs estruturaram-se como associações de iguais (FIORENZA, 1992, p. 133-236). Algumas pessoas, com certo poder econômico, que se convertiam ao Cristianismo e, como um tipo de patrocinadoras, abriam suas casas e forneciam espaço e recursos para a comunidade. Estas casas passavam, então, a ser um centro de reuniões cristãs, uma "Igreja doméstica". Um local em que tanto as mulheres como os varões, livres ou escravos, judeus e gentios, encontravam-se para celebrar a memória de Jesus, partilhando o pão na comunhão da mesa. E como "casa de fé" (Gl 6,10), onde se encontravam, além da mulher ou do homem que chefiava a casa, seus familiares, clientes, pessoas alforriadas (ex-escravas ou escravos), migrantes, pessoas que estavam em estado de escravidão ou semiescravidão, seus membros tinham que encontrar novas maneiras de viver juntos. Porque as regras consuetudinárias de comportamento, hierárquicas e patriarcais, não mais se aplicavam (Gl 3,28). A experiência de Deus feita na participação igualitária em torno da mesa comum gerava uma ética que se irradiava para dentro de todas as relações, e afirmavam as relações de solidariedade, serviço e apoio mútuos, relações de amor como sinal distintivo dos cristãos (Jo 13,1-16).

Como um "povo novo" eles se reúnem em igrejas domésticas para o partir do pão e a comunhão de mesa. Da mesma forma que todos os outros tipos de associações greco-romanas e judaico-farisaicas, as igrejas domésticas cristãs tinham o mesmo centro unificador: o banquete ou refeição comunitária que regularmente reunia todos os membros do grupo para companhia de mesa. Comer e beber juntos era o principal momento integrativo na comunidade doméstica cristã socialmente diversificada (FIORENZA, 1992, p. 236).

A diferença estava em que as outras associações eram mais homogêneas em sua composição, e, além disso, a estrutura organizacional da comunidade cristã concedia igual participação para todos os seus membros (FIORENZA, 1992, p. 236).

As comunidades paulinas forneciam um espaço onde as mulheres, os clientes, ex-escravos, escravos, migrantes e as demais pessoas, social, religiosa e politicamente marginalizadas – ou por serem mulheres ou por serem consideradas impuras, pecadoras ou não cidadãs – podiam alcançar, além de autoridade religiosa, autoestima e dignidade. A assembleia dos cidadãos chamava-se *ekklesía*, e era esta *ekklesía* que governava a cidade, a *pólis*, dela, porém, só participavam os homens ricos, proprietários e grandes comerciantes. As mulheres, nem mesmo as mais ricas, como a maioria do povo trabalhador e os escravos e estrangeiros, não podiam participar. Essa *ekklesía* constituía e fazia parte de uma grande pirâmide de concentração de poder e riqueza, organizava relações verticais e assimétricas e reverenciava como *Kýrios*, senhor, o imperador, que estava no topo.

As comunidades cristãs também se chamavam de *ekklesía*: *ekklesía thou Theou*, assembleia de Deus, que, ao contrário da *ekklesía* da *pólis*, era formada em sua grande maioria por pessoas legalmente consideradas não cidadãs (1Cor 1,26-28) e excluídas da *ekklesía* oficial que comandava os destinos, os direitos e as taxas da *pólis*. A *ekklesía* dos seguidores e seguidoras de Jesus era um espaço de cidadania para as pessoas sem cidadania. Como associações de iguais, as comunidades cristãs estavam em conflito com a marginalização, a hierarquização e o patriarcalismo da sociedade greco-romana, da mesma forma que o movimento de Jesus estava com respeito à sociedade Palestina (DIETRICH, 1999, p. 19-34). A *ekklesía* fundada por Paulo buscava relações de apoio e amor mútuo, de ajuda e solidariedade mútuas, procurava realizar-se em relações horizontais, de mais igualdade entre os membros, e reverenciava um camponês pobre, que foi martirizado pelo império, como o *Kýrios*, seu senhor.

As comunidades paulinas preparavam-se para a vinda de Jesus vivendo de forma concreta, com "fé e amor" (3,6; 4,9), na riqueza do "amor mútuo e para com todos" (3,12), no "amor fraterno... amando-se uns aos outros" (4,9), "procurando sempre o bem uns dos outros e de todos" (5,15). Esse modo de viver denunciava a grande injustiça das relações de dominação e exploração que mantinham o império. Deixava claro que a origem da pobreza, da miséria e do sofrimento de muitos era a escandalosa concentração de poder e riqueza estimulados e garantidos pelo império. Os seguidores e seguidoras de Jesus não deviam deixar-se contaminar pelos valores e práticas do império, ao contrário, precisavam estar conscientes deles e abandoná-los, transformá-los a partir da fé e da esperança no Deus amor, revelado por Jesus. Não se deviam deixar levar pela "paz e segurança" que o império dava àqueles e àquelas que aceitavam suas regras e assumiam a sua ética e a sua ideologia. Pois aqueles que se entregassem à "paz e a segurança" (*eirêne kai apsháleia*) não iriam escapar e seriam destruídos pela chegada do Reino do Deus amor (5,1-3). Contra a fé (*pístis*), a esperança (*élpis*) no império e nos ricos e poderosos, como mandava a propaganda oficial (HARRISON, 2016, p. 182), contudo, a esperança dos tessalonicenses estava em Jesus e não no império (5,4-11). A soma de todas essas práticas deve ter custado aos tessalonicenses as perseguições e as tribulações mencionadas em 1 Tessalonicenses.

BIBLIOGRAFIA

COLLINS, Raymond F. *The Birth of the New Testament. The Origin and development of the first Christian generation.* New York: Crossroad, 1993.

COMBLIN, José. *Quais os desafios dos temas teológicos atuais?* São Paulo: Paulus, 2005.

CROSSAN, John Dominic; REED, Jonathan L. *In search of Paul. How Jesus's Apostle opposed Rome's empire with God's Kingdom. A new vision of Paul's words & world.* New York: HarperCollins, 2004 (edição brasileira: *Em busca de Paulo. Como o apóstolo de Jesus opôs o Reino de Deus ao Império Romano.* São Paulo: Paulinas, 2007).

DIETRICH, Luiz José. Cidadania: resgatar o direito de ser. In: V.V. Cristianismo e cidadania. (*RIBLA – Revista de Interpretação Bíblica Latino-americana*, n. 32). Petrópolis: Vozes, 1999, p. 19-34).

FIORENZA, Elisabeth Schüssler. *As origens cristãs a partir da mulher.* São Paulo: Paulinas, 1992.

GREN, Joel B. (ed.). *The New Testament and ethics. A book-by-book survey.* Grand Rapids-Michigan: Baker Academics, 2013.

HARRISSON, James R. Paul and empire 2: negotiating the seduction of imperial "peace and security" in Galatians, Thessalonians, and Philippians. In: WINN, Adam (ed.). *An introduction to empire in the New Testament*, Atlanta: SBL Press, 2016, p. 165-185 (Resources for Biblical Study, n. 64).

HORSLEY, Richard A., SILBERMAN, Neil Asher. *The message and the kingdom. How Jesus and Paul ignited a revolution and transformed the Ancient World*. New York: Grosset/Putnam, 1997.

LONGENECKER, Bruce W. Peace, prosperity, and propaganda: advertisement and reality in the early roman empire. In: WINN, Adam (ed.). *An introduction to empire in the New Testament*. Atlanta: SBL Press, 2016, p. 15-45 (Resources for Biblical Study, n. 64).

MESTERS, Carlos. *Paulo apóstolo*: um trabalhador que anuncia o Evangelho. São Paulo: Paulus, 1997.

PIXLEY, Jorge. Los primeros seguidores de Jesus en Macedonia y Acaya. In: V.V. Los cristianismos originarios extrapalestinos (35-138 d.C.) (*RIBLA – Revista de Interpretación Bíblica Latinoamericana*, n. 29). Quito: RECU/DEI, 1997, p. 59-83.

Capítulo 4
1 TESSALONICENSES 2,1-20

OS FRUTOS DO ANÚNCIO DO EVANGELHO

Ildo Perondi[1]

INTRODUÇÃO

Depois da apresentação (1Ts 1,1) e da bela e longa ação de graças (1Ts 1,2-10), do primeiro capítulo, os apóstolos missionários passaram a tratar de temas concretos ligados à evangelização da comunidade de Tessalônica. O segundo capítulo da carta pode ser dividido em três partes, segundo a proposta da *Bíblia das Paulinas: Novo Testamento* (2015, p. 494-495), e que está muito próxima da maioria das demais traduções e dos comentários bíblicos:

---

[1] Ildo Perondi é mestre em Teologia (Roma) e doutor em Teologia pela PUC-Rio. Professor no mestrado em Teologia da PUCPR e coordenador da Graduação em Teologia da PUCPR/Londrina. E-mail: <ildo.perondi@pucpr.br>.

- vv. 1-12: Recordação do primeiro anúncio do Evangelho à comunidade
- vv. 13-16: A acolhida da Palavra em meio a tribulações
- vv. 17-20: Plano de Paulo de ir a Tessalônica e envio de Timóteo

Neste capítulo estão presentes os três momentos da história da evangelização da comunidade: o passado (uma recordação de como foi o trabalho de evangelização da comunidade), o presente (como a comunidade está continuando a viver a mensagem da Palavra de Deus), o futuro (Paulo manifesta a esperança de poder retornar à comunidade e continuar o trabalho de evangelização).

Passaremos à análise do texto deste segundo capítulo com algumas notas exegéticas e teológicas para melhor compreensão do texto e da sua mensagem.

RECORDAÇÃO DO PRIMEIRO ANÚNCIO DO EVANGELHO À COMUNIDADE (2,1-12)

Nesta parte da Carta, os apóstolos fazem memória do trabalho de evangelização da comunidade de Tessalônica. A recordação do próprio apostolado é um tema comum nas Cartas Paulinas (1Cor 4 e 9; 2Cor 2,14–6,10; 10–13). Não se trata de uma apologia do próprio trabalho missionário, mas de diferenciar-se dos demais pregadores e, ao mesmo tempo, oferecer um modelo a ser imitado (MANINI, 2012, p. 35).

"De fato, vós sabeis, irmãos, que nossa estada junto de vós não foi em vão" (1Ts 2,1).

Ao recordar como foi a sua passagem entre os tessalonicenses, os apóstolos certamente querem mostrar que sua atitude foi diferente de outros mestres e taumaturgos itinerantes, de diversas crenças, que frequentemente passavam pelas cidades naquela época e que cobravam pelas suas pregações. Estes eram treinados para fazer belos discursos a serviço de quem lhes pagava, sem ter o compromisso de viver o que pregavam.

Muito diferente foi a maneira como os apóstolos se apresentaram em Tessalônica. Não eram pagos por ninguém, não cobravam por seu trabalho, não exigiam nenhuma retribuição financeira. Eles deram exemplo com a própria vida: pregavam com suas palavras e testemunhavam com a vida concreta o que anunciavam, doando a própria vida pela causa do Evangelho. Seu único interesse era levar a boa notícia do Evangelho e a salvação aos tessalonicenses.

O resultado desse tipo de apostolado será percebido no retorno de Timóteo ao relatar as boas notícias da comunidade. A semente lançada está produzindo bons frutos (1Ts 3,5.8), pois, seguindo o modelo dos apóstolos, os irmãos da comunidade também são capazes de doar a própria vida pelo Evangelho.

> Sabeis que, antes de chegar a vós, tínhamos sofrido e sido humilhados em Filipos, o que, no entanto, aumentou nossa confiança em nosso Deus para vos falar de seu Evangelho entre muitos combates (1Ts 2,2).

É importante notar como o verbo "saber" é empregado na Carta. Só nesta primeira parte do capítulo aparece quatro vezes (2,1.2.5.11). Os irmãos da comunidade devem "saber"; eles mesmos devem ser sujeitos do seu próprio saber. Devem saber olhar para os fatos que acontecem, fazer memória histórica. Os apóstolos reavivam a memória dos fatos passados. De fato, em Filipos, Paulo e Silas foram arrastados à praça pública diante das autoridades, foram acusados, tiveram rasgadas as suas vestes, foram açoitados com varas e depois jogados na prisão com os pés presos no cepo (At 16,19-24). Nem por isso desanimaram ou reagiram com violência, ao contrário, a prisão tornou-se uma oportunidade para anunciar o Evangelho: "Paulo e Silas, em oração, cantavam hinos a Deus; os outros prisioneiros os escutavam" (At 16,25). O terremoto que aconteceu foi visto como uma ação libertadora de Deus, e o carcereiro se converteu e os acolheu em sua casa, onde foi batizado junto com todos da sua família e ainda lhes lavou as feridas (At 16,29-34). Depois que foram libertados em Filipos, os apóstolos chegaram a Tessalônica e aí anunciaram a Palavra de Deus também em meio a muitas lutas.

Ao mencionar as perseguições e sofrimentos, os apóstolos querem indicar quem são os que evangelizaram a comunidade e como reagem os evangelizados. Suas vidas são constantemente marcadas pela perseguição, porém, em Deus encontram sempre força e coragem para anunciar com franqueza o Evangelho (FAUSTI, 2000, p. 41).

"De fato, nossa exortação não é feita de engano, nem de motivações impuras, nem de falsidade" (1Ts 2,3)

Enquanto muitos preferem anunciar um "Evangelho fácil", que não incomoda os que oprimem, os apóstolos anunciam o Evangelho verdadeiro. Os falsos pregadores são os primeiros a se beneficiarem do trabalho, portanto, são interesseiros. Bem diferente é o objetivo dos apóstolos. Os primeiros a se beneficiarem da pregação do Evangelho são os irmãos da comunidade que passam a viver uma vida melhor, como ensinará o autor da Primeira Carta de Pedro: "Vós, que outrora não éreis povo, agora sois povo de Deus; vós, que não tínheis experimentado a misericórdia, agora experimentastes misericórdia" (1Pd 2,10).

Portanto, por causa do Evangelho os apóstolos sofrem perseguições e tribulações, porque acreditam que a causa é justa. Isso não teria sentido se estivessem enganando a comunidade com motivações impuras ou falsas. O termo grego *akatarsía* pode ser traduzido como motivações "maliciosas" ou "impuras", já que na Bíblia é usado no âmbito da impureza ritual, especialmente no Levítico, mas pode indicar também as culpas morais (MARINI, 2012, p. 36).

> No entanto, do modo como fomos provados por Deus como fiéis ao Evangelho, assim falamos, como quem deseja agradar não a homens mas a Deus, que prova nosso coração. De fato, nunca me apresentei com palavras galanteadoras, como sabeis, nem sob pretexto de lucro – Deus é testemunha –, tampouco buscando a glória dos homens, seja de vós, seja de outros (1Ts 2,4-6).

Os apóstolos reconhecem que foram examinados e considerados dignos da parte de Deus para anunciar o Evangelho. É o próprio Deus que continua a examinar seus corações e suas consciências, por isso, falam e transmitem a sua mensagem. Portanto, é só a Deus que eles devem agradar e prestar contas. É a origem divina do Evangelho que permite excluir o erro, o engano, a adulação e os fins interesseiros.

O anúncio do Evangelho comporta sempre uma dimensão profética, de anúncio e denúncia: anunciar a Boa-Nova do Reino e denunciar as injustiças e opressões do sistema dominador ou daqueles que, mesmo em nome de Deus, pregam uma mensagem desligada da vida ou do plano salvífico de Deus. É por esta razão que o Evangelho desinstala e pode não agradar àqueles que querem manter um poder centralizador e excludente, como era o Império Romano. A fidelidade deve ser mantida unicamente diante de Deus, pois é dele que vem a boa notícia que está sendo anunciada e que transforma o mundo.

A invocação de Deus por testemunha será mencionada novamente em 2,10. Os apóstolos se submetem ao exame de Deus e não querem buscar a glória dos homens, o que seria mais fácil e traria mais benefícios terrenos. O anúncio não pode ser separado do anunciador. Assim também Jesus Cristo não buscou a própria glória (Jo 5,41), pois buscar a própria glória é uma tolice e uma loucura (Jo 8,24).

> Ainda que sejamos apóstolos de Cristo, com toda a autoridade, estivemos como crianças em vosso meio. Assim como uma ama que nutre a própria prole, deste modo, querendo-vos bem, quisemos vos entregar não somente o Evangelho de Deus, mas também nossas vidas, porquanto vos tornastes amados a nós (1Ts 2,7-8).

É a primeira vez que o termo "apóstolo" é empregado para Paulo e os que estão evangelizando com ele. O termo "apóstolo" significa "enviado". Paulo tem consciência de que não é um dos Doze. Ele mesmo não conheceu Jesus pessoalmente, somente na aparição que teve no caminho de Damasco (At 9,1-9; 22,5-16; 26,9-18). A aparição do Jesus Ressuscitado foi um encontro que marcou e mudou sua vida de forma radical. Ele recebeu um chamado especial, fora de tempo e de lugar, diferente dos demais apóstolos, por isso se considerava um "abortivo" e que só sobreviveu pela graça de Deus (1Cor 15,7-10). Paulo defende o título de apóstolo para si (Gl 1,1; 1Cor 9,1; 2Cor 12,11-12), pois entende que recebeu a missão de levar o Evangelho aos gentios e até os confins do mundo (At 9,15; 22,21; Rm 1,5; 11,13; 15,16.8; Gl 1,16; 2,7-9 etc.).

Porém, o título de apóstolo não pode ser considerado símbolo de poder ou autoridade, muito menos de orgulho. Os apóstolos apelam para figuras familiares: crianças (2,7a); ama (mãe) que amamenta (2,7b); e pai que exorta o próprio filho (2,11); e a todos da comunidade eles chamam de irmãos (2,9). Eles se sentem como crianças, criaturas frágeis e que estão a serviço. Sabem que não podem confiar em títulos, mas somente na graça de Deus que os chamou para a missão.

A imagem invocada é a da "ama que nutre a própria prole". Algumas Bíblias preferem traduzir por "mãe que amamenta". O texto original diz *trofós talpé tá eauténs tékna*, literalmente poderíamos traduzir por "como uma nutriz que cuida dos próprios filhos", portanto que amamenta, alimenta, dá de si mesma para que os filhos cresçam e se fortaleçam.

É, seguramente, uma das imagens mais belas empregadas no Novo Testamento. É a mãe que dá tudo o que tem e que pode ajudar a fazer os filhos crescerem. Não é só o alimento material, é também carinho, amor, carícia e alento que dá força e encoraja. Esta imagem

Jesus também empregou quando passou a chamar os próprios discípulos de "filhinhos" (Jo 13,33), ou quando se comparou à galinha que congrega seus pintinhos sob as asas (Lc 13,34) (FAUSTI, 2000, p. 48). Os apóstolos sentem que os membros da comunidade foram gerados para esta vida nova. E quem gera sabe que um dia estes filhos irão tornar-se adultos, e então já não necessitarão mais do leite materno, pois saberão encontrar o próprio alimento e, também, andarão por conta própria. Portanto, a relação que os apóstolos têm com a comunidade é carregada de ternura, e nunca interesseira.

Em 1,4 os tessalonicenses foram definidos como "amados" de Deus e agora vão dizer que são amados pelos apóstolos. A autoridade, como ensinou Jesus, é diferente daquela dos reis e governantes (Lc 22,25-26). Ela se caracteriza pelo amor e serviço e "como a amabilidade e ternura de uma mãe que se inclina sorridente, acariciando seu filhinho" (FERREIRA, 1991, p. 64). Esta relação evoca imagens divinas do Antigo Testamento (Dt 32,11; Jó 39,14; Is 49,15; 66,10-13; Ez 1,5-10; Os 11,3-4 etc.). E esta mesma relação com a comunidade será utilizada por Paulo em outras cartas (1Cor 3,1-2; Gl 4,19; Fl 1,8). Demonstrando que é assim que Deus trata o seu povo, e foi assim que os apóstolos trataram a comunidade, eles querem que os irmãos também se amem com este mesmo amor com o qual foram amados. A grandeza dos apóstolos está no gesto de fazer-se pequenos, como a mãe se faz pequena com os seus pequenos. É o verdadeiro caráter de quem se sente enviado, espelhando-se em quem os enviou: tornar-se o menor entre todos para então ser grande (Lc 9,48) e ser misericordioso como o Pai (Lc 6,36) (FAUSTI, 2000, p. 48).

A dedicação à comunidade é tamanha que eles estão dispostos a doar até "as próprias vidas". É possível também traduzir por "nós mesmos", ou seja: dar-se por inteiro. "Esta expressão e o afeto comunicado são típicos da linguagem da amizade como era codificada nos tempos de Paulo" (MARINI, 2012, p. 37). A nova vida cristã passa a ser este jeito novo de viver, "cada um cuidando não apenas do que é seu, mas também do que é dos outros" (Fl 2,4; cf. Rm 12,9-13).

Desta maneira comprova-se também o caráter divino do Evangelho, pois é com estas características que se manifesta o amor de Deus: "Assim, pois, Deus amou o mundo: a ponto de dar o Unigênito, a fim de que todo aquele que nele crer não pereça, mas tenha a vida eterna" (Jo 3,16). O próprio Filho deu a vida por amor: "Ninguém tem amor maior do aquele que dá a sua vida em favor dos amigos" (Jo 15,13). Forma-se assim algo como um leque que se vai alargando: o Pai ama o mundo e dá o Filho; o Filho ama e dá a própria vida por amor; os apóstolos amam a comunidade e são capazes de dar a própria vida pelos irmãos; os irmãos da comunidade precisam se amar entre si com este mesmo amor cuidando uns dos outros para que a comunidade sobreviva.

> De fato, recordais, irmãos, nosso esforço e fadiga, noite e dia, trabalhando para não sermos pesados a nenhum de vós, durante o tempo em que vos anunciamos o Evangelho de Deus (1Ts 2,9).

Seria uma contradição se, depois de ter feito a bela afirmação anterior, os missionários agora fossem pedir dinheiro pelo trabalho de anunciar o Evangelho. Por isso, eles não querem tornar-se um peso para a comunidade que já está vivendo em dificuldades, seguramente também de ordem econômica.

O fato de trabalharem com as próprias mãos indica também outra situação. Eles não pertencem àquela elite greco-romana que "não sujava as mãos". Na Segunda Carta aos Tessalonicenses este tema será abordado novamente, pedindo-se que a comunidade imite o seu modo de viver e ganhando o alimento "com esforço e fadiga, noite e dia, trabalhando para não sermos pesados" (2Ts 3,8). E foi isso que recomendaram a todos: "Se alguém não quer trabalhar, que também não coma" (2Ts 3,10). E cita o exemplo negativo daqueles que vivem ocupados sem nada fazer. Ora, a mentalidade era que os escravos e empregados é que deviam trabalhar e que não era tão nobre um cidadão da elite praticar trabalhos manuais (FERREIRA, 1991, p. 65).

Mesmo que Paulo reconheça que a pregação do Evangelho lhe confere o direito a um salário, ele prefere pregá-lo gratuitamente (1Cor 9,19). O tema do trabalho e Paulo como um trabalhador que anuncia o Evangelho será tratado mais profundamente no próximo excurso.

"Vós sois testemunhas, e Deus também o é, de como procedemos de maneira santa, justa e sem reprovação para convosco, os que creem" (1Ts 2,10).

O testemunho dos tessalonicenses é invocado juntamente com o testemunho de Deus (1Ts 2,5) para provar a sinceridade de como eles se comportaram na comunidade. O testemunho, em grego *martys*, se refere à testemunha que presencia e confirma fatos ocorridos, em especial diante de um tribunal de justiça. Os apóstolos pedem o testemunho quanto ao modo íntegro de viver, a coerência entre o que eles afirmam e ensinam.

A Igreja nascente se expandia graças ao testemunho que os fiéis davam através do seu novo modo de vida, e isso dava credibilidade à pregação, atestando que era possível viver de acordo com a proposta do Evangelho. Na Carta aos Filipenses Paulo vai recomendar: "Tornai-vos coimitadores meus, irmãos, e observai aqueles que caminham conforme o exemplo que tendes em nós" (Fl 3,17).

> Conforme sabeis, tratando a cada um de vós como um pai a seu próprio filho, exortando-vos, consolando-vos e encorajando-vos para que andeis de maneira digna de Deus, aquele que vos chama para seu próprio reino e glória (1Ts 2,11-12).

Antes, em 1 Tessalonicenses 2,7-8, apareceu o rosto feminino e materno dos apóstolos que cuidam e nutrem a comunidade como se fosse seus filhos. Nesta passagem aparece o outro rosto familiar, que é o seu lado masculino e paterno na sua relação com os novos fiéis. Os apóstolos sabem ser pais e mães dos filhos que geraram.

Na sua função de pais dos filhos que geraram, eles devem praticar a tarefa de orientar os membros da comunidade. Três verbos são usados para transmitir ânimo e fazer a comunidade progredir: exortar, consolar e encorajar. São ações que visam fazer com que a comunidade não desanime, mas que persevere e que prossiga em frente, mesmo em meio a possíveis tribulações, perseguições e à própria dureza da vida. Jesus também ensinava da mesma forma, quando exortava: "Quem quiser vir após mim negue-se a si mesmo, carregue cada dia sua cruz e siga-me" (Lc 9,23).

Outro dado interessante é que eles sabem amar e se dirigir à comunidade inteira (todos) e não a apenas alguns dos seus membros ou aos mais importantes. Sua exortação é dirigida "a cada um". É a soma dos membros da comunidade que forma o todo, mas sem perder a sua individualidade; eles conhecem a realidade de cada membro, sua caminhada, seus valores e mesmo as suas dificuldades.

A exortação prossegue pedindo que cada um ande, que faça sua caminhada, de maneira digna diante de Deus. Acolher o anúncio do Evangelho significa viver uma vida concreta segundo a Palavra de Deus, fazendo a vontade de Deus, pois é Deus quem chama para o seu próprio Reino e para a sua glória. O novo princípio ético é responder ao chamado de Deus Pai. Assim, a comunidade participa do seu Reino e da sua glória. É viver já nesta terra esta realidade, de modo progressivo e sempre mais pleno (FAUSTI, 2000, p. 52). Os cristãos vivem no mundo como se não fossem do mundo (Jo 17,14-15; 1Cor 5,10), já vivem o Reino de Deus aqui nesta vida participando da glória de Deus. Segundo a célebre frase de Santo Ireneu de Lyon (século II d.C.): "A glória de Deus é o homem vivo; a vida do homem é a visão de Deus".

A ACOLHIDA DA PALAVRA EM MEIO A TRIBULAÇÕES (2,13-16)

A segunda parte do capítulo 2 da Carta é dedicada à Palavra de Deus, embora o tema já estivesse presente no primeiro capítulo (1,6.8). Na Carta é interessante notar como são usadas expressões diversas, como: Palavra (1,6; 2,13), Palavra do Senhor (1,8), Palavra de Deus (2,13). Os nossos quatro Evangelhos ainda não estavam escritos quando a Carta foi redigida, mas a mensagem de Jesus Cristo ganha o mesmo sentido da Palavra revelada no Antigo Testamento. Na Carta usa-se: Evangelho (1,4; 2,4), Evangelho de Deus (2,2.8.9), Evangelho de Cristo (3,2). Palavra e Evangelho são a mensagem que os apóstolos anunciam e vivem. Não são palavras humanas (2,13), e sua vivência pode até levar a perseguições, encontrar a adversidade dos poderes deste mundo, mas devem ser anunciadas a todos os povos para levar a todas as pessoas a sua mensagem de salvação.

> E, por isso, também nós damos graças a Deus continuamente, pois tendo acolhido a Palavra de Deus, que ouvistes de nós, vós a recebestes não como uma palavra humana, mas como realmente é: Palavra de Deus, a qual é atuante em vós, os que creem (1Ts 2,13).

A ação de graças que os apóstolos dão continuamente, de forma interrupta, possui uma única razão: os tessalonicenses receberam a palavra anunciada por homens, mas a acolheram como Palavra de Deus e não como palavra humana. Esta Palavra é atuante, é "viva e eficaz" (Hb 4,12), pois está produzindo frutos na comunidade.

Para que a Palavra e o Evangelho produzam frutos, é necessário o gesto da acolhida, mediante a fé. Ou seja: é preciso crer na Palavra e na mensagem que ela transmite. Paulo enfatizará isso na Carta aos Romanos: "Eu não me envergonho do Evangelho, que é poder de

Deus para salvação de todo aquele que crê: do judeu primeiramente, e também do grego" (Rm 1,16). A comunidade de Tessalônica acolheu o Evangelho como Palavra de Deus e, portanto, não se envergonha dela, mas aceita o seu poder salvífico e agora já pode colher os seus frutos, porque esta Palavra realiza aquilo que ela promete.

Embora seja Palavra de Deus e Evangelho de Jesus Cristo, esta mensagem precisa ter sempre o mensageiro humano que a transmita. Ela necessita de uma voz humana para poder manifestar-se. Assim como a semente necessita do semeador, a Palavra de Deus necessita de pessoas humanas para que possa ser ouvida e acolhida (FAUSTI, 2000, p. 57). De fato, como pode alguém crer, se não ouviu, já que a fé vem do anúncio e da acolhida da palavra de Cristo? (Rm 10,1-17).

Nós somos a Palavra que ouvimos. Os primeiros cristãos davam testemunho do que viram e contemplaram e então anunciavam o que ouviram (1Jo 1,1-3). A Palavra cria e faz novas todas as coisas (Is 65,17-25; Ap 21,5), torna novas as pessoas que se deixam modelar por ela, porque ela tem este potencial capaz de transformar.

> De fato, irmãos, vós vos tornastes imitadores das igrejas de Deus que estão na Judeia, em Cristo Jesus, porque vós sofrestes da parte de vossos próprios concidadãos, do mesmo modo que elas da parte dos judeus (1Ts 2,14).

Os apóstolos já haviam recordado os sofrimentos que haviam suportado por causa do Evangelho (1Ts 2,2) e agora mencionam os sofrimentos que a própria comunidade já sofreu por causa do seguimento de Jesus.

A cruz faz parte do ser cristão. Não porque ela é boa e desejável, mas porque não existe verdadeiro seguimento de Jesus sem cruz. A cruz será sempre loucura para o mundo, mas, para quem crê, ela é poder de Deus (1Cor 1,18). Jesus teve a sua cruz, os primeiros seguidores já na Judeia sofreram a perseguição (At 4-5; 7,55-60). Paulo e seus companheiros também foram perseguidos (At 16,16-40; 17,5-9). Portanto, são estes exemplos que a comunidade de Tessalônica está imitando. Para viver segundo Cristo, é necessário viver o paradoxo da cruz, fazer-se últimos, aniquilar-se, esvaziar-se a si mesmos. Assim a cruz se torna o critério por excelência do ser cristão e do pensar cristão (ALETTI, 2009, p. 249).

Desse modo, a comunidade se associa a todos estes exemplos justamente para testemunhar que a vivência do Evangelho é uma contestação ao mundo que oprime, mata e se afasta dos planos do Criador. E diante dos sofrimentos e da perseguição, os irmãos não recuaram, nem desanimaram, mas mostraram-se perseverantes. "É nesta situação que vamos compreendendo por que a Palavra de Deus leva, inevitavelmente, à cruz. Os cristãos decididos são, potencialmente, mártires" (FERREIRA, 1991, p. 69).

As perseguições e sofrimentos podem vir da parte dos próprios compatriotas. Jesus havia advertido que os conflitos às vezes podem vir de dentro da própria família (Mt 10,21; Lc 12,53). São os próprios concidadãos judeus que perseguiram Jesus e os primeiros discípulos e que agora perseguem também os tessalonicenses.

A perseguição e as tribulações que a Igreja de Tessalônica sofre não são fatos isolados. Suportando e resistindo a comunidade se une às demais igrejas que também passaram por essas mesmas situações. "Paulo funda suas comunidades como uma rede de igrejas, todas em comunhão com a Igreja-mãe de Jerusalém" (A BÍBLIA, 2015, p. 495).

> Eles mataram o Senhor Jesus e os profetas e nos têm perseguido; não agradam a Deus e têm sido hostis a todas as pessoas. Eles querem nos impedir de falar aos gentios para que se salvem. Com isso, completam a medida de seus pecados, atraindo sobre si a ira para o fim (1Ts 2,15-16).

Os apóstolos haviam apresentado a comunidade como modelo do anúncio do Evangelho (1,5.7-8; 2,1-12) e também elogiado a maneira como os tessalonicenses tinham acolhido tão bem o Evangelho (1,9-10; 2,13-14). No entanto, agora se voltam contra aqueles que não acolhem o Evangelho e dificultam o seu anúncio.

É preciso ter o cuidado para não alargar a acusação contra todos os judeus, como tantas vezes esta passagem foi interpretada. A acusação é destinada àquela parcela de Israel que, juntamente com o poder romano, foi responsável pela morte de Jesus e pela perseguição aos discípulos de Jesus.

Deve-se evitar também um antijudaísmo paulino. Ao contrário, Paulo não nega, mas reivindica o fato de ser judeu (Fl 3,5; 2Cor 11,22). Paulo era totalmente hebreu, ótimo conhecedor da Setenta e sobretudo dos métodos que, desenvolvidos mais tarde, irão constituir os métodos interpretativos usados no Talmud. Paulo pertence ao mundo da diáspora judaica que vivia em meio à cultura helenística (RASTOIN, 2009, p. 44-45).

Ele valoriza sua raça, sua cultura, sua tradição. Conhece e utiliza as Escrituras judaicas e sublinha o privilégio de Israel, tanto que é aos judeus que se dirige por primeiro (At 13,5.14-43; 14,1; 16,13; 17,2.10 etc.). Esta polêmica é retomada na Carta aos Romanos (9–11). O que Paulo enfatiza é a sua indignação contra a cegueira dos seus irmãos e a atitude dos líderes judeus espalhados pelo mundo afora que, aliados aos romanos, continuam perseguindo os cristãos como fizeram em Jerusalém.

Embora à primeira vista a origem das perseguições parecesse ser religiosa, é preciso entender a influência política que a elite dos judeus da diáspora exerce dentro do Império Romano. Em Atos dos Apóstolos, Lucas informa que a razão da expulsão dos apóstolos de Tessalônica foi política. Eles foram acusados diante das autoridades porque "estão revolucionando o mundo inteiro" (At 17,6). E também são acusados de irem contra os decretos do imperador, afirmando que existe outro rei, Jesus (At 17,7).

É certo que as autoridades de Tessalônica não se teriam preocupado tanto se fosse apenas por questão de uma nova religião que tivesse aparecido na cidade. O que deve ter incomodado as autoridades era que os cristãos questionavam, com sua vida, o sistema como um todo. A mensagem do Evangelho não se resume a uma questão de fé e ao nosso relacionamento com Deus, mas também ao relacionamento entre irmãos. Enquanto o sistema do império era piramidal, excludente, o Evangelho rompia com as estruturas injustas e propunha uma vida nova e diferente onde todos viviam como irmãos. Esta proposta ia contra o modelo do Império Romano que se mantinha graças à escravidão de cerca de dois terços da população.

A passagem que chama a atenção é o apelo à ira de Deus que virá sobre aqueles que perseguem a Igreja. Na Carta ao Romanos, Paulo afirma que "a ira de Deus se revela do céu contra toda impiedade e injustiça de homens que mantêm a verdade cativa da injustiça" (Rm 1,18). Deus tem o direito de exigir a prestação de contas do comportamento das pessoas e atribuir-lhes um destino. A ira de Deus se manifesta nos seus julgamentos porque são justos. Portanto, a ira é uma dimensão da própria justiça e da misericórdia de Deus. É possível que o texto se refira ao dia da *parusia* de Cristo (2Ts 1,6-10; 1Cor 4,3-5), quando todos devemos comparecer diante do tribunal de Jesus Cristo (2Cor 5,10).

Embora a expressão apresente dificuldade de interpretações, é preciso considerar que a ira de Deus se manifesta diante do aumento do pecado humano (MARINI, 2012, p. 41-42). A expressão é bastante dura, porém, é bom lembrar que cada um será julgado pelos seus atos e que certas retribuições são consequência das opções tomadas. Esta passagem demonstra o caráter do apóstolo Paulo: às vezes, mostra-se cheio de amor e ternura diante da comunidade e das pessoas mais fracas; no entanto, outras vezes mostra-se com vigor diante da indiferença e das injustiças.

O tema do julgamento será ampliado e melhor analisado quando forem interpretados os capítulos 4 e 5.

PLANO DE PAULO DE IR A TESSALÔNICA E ENVIO DE TIMÓTEO (2,17-20)

A terceira parte do capítulo 2 da Carta enfatiza a distância física entre os apóstolos e a Igreja de Tessalônica.

No v. 18 a Carta deixa de ser escrita no plural. Agora, é Paulo pessoalmente que manifesta a saudade que sente da comunidade que ajudou a gerar. Ao mesmo tempo, informa que há empecilhos que não permitem seu retorno a Tessalônica. A solução só virá no capítulo 3, com o envio de Timóteo, que trará o conforto com as boas notícias da perseverança da comunidade.

> Quanto a nós, irmãos, estando privados por algum tempo de vossa presença – da presença física, não de coração –, apressamo-nos ainda mais em querer vos ver face a face, tamanho era o nosso desejo (1Ts 2,17).

Os apóstolos sentem-se impedidos de retornar a Tessalônica e, com isso, estão afastados dos irmãos. A separação, no entanto, é só física, não é de coração. A distância não separa os laços que a fé uniu. Paulo manifesta isso em outras ocasiões: "ausente no corpo, presente no espírito" (1Cor 5,3; Cl 2,5).

A Carta não menciona os motivos pelos quais Paulo não pode ainda retornar à comunidade para continuar a obra de evangelização já iniciada. Porém, a ausência física dos apóstolos não impede o avanço do Evangelho.

"Por isso, queríamos ir até vós – eu mesmo, Paulo, quis ir pessoalmente, uma, duas, várias vezes –, mas Satanás nos impediu" (1Ts 2,18).

Como Paulo não pode ir pessoalmente a Tessalônica, procura solucionar o problema de duas maneiras: a) envia Timóteo para levar notícias e confirmar e exortar na fé a comunidade (1Ts 3,2.6); b) confia na ação de Deus que continua através dos próprios tessalonicenses (1Ts 3,7-10). A comunidade não está órfã, pois os apóstolos se comportam como mães que nutrem (2,7) e pais que exortam seus filhos (2,11).

Paulo menciona que está impossibilitado de visitar a comunidade. Por trás das dificuldades, ele reconhece a ação de Satanás, que é adversário ou inimigo do Evangelho. Satanás é o pai da mentira (Jo 8,44), sua propaganda é falsa e enganosa, por isso, ele é adversário ou o maior inimigo do Evangelho. É também citado em outras Cartas (Rm 16,20; 1Cor 5,5; 7,5; 2Cor 2,11; 11,14; 12,7; 2Ts 2,9). Em 1 Tessalonicenses 3,5, ele é definido como o Tentador. É ele quem tenta impedir que o Evangelho floresça e dê frutos. Os seus planos são contrários aos de Deus; seu objetivo é dividir, atrapalhar, destruir e criar obstáculos ao anúncio do Evangelho.

No entanto, não devemos ver aqui somente a ação de um ser espiritual maligno ou uma força abstrata. Este adversário do Evangelho já perseguiu os apóstolos em Filipos (At 16,19-40), em Tessalônica (17,5-9), na Bereia (17,12-14) e agora luta duramente contra a evangelização. É possível que Satanás represente as autoridades romanas e os líderes judaicos da diáspora que impediam que Paulo viajasse e retornasse a Tessalônica. Podem ser os líderes religiosos judeus da diáspora ou os romanos com seu sistema e suas ramificações bem estruturadas em todo o império. O fato é que, quem é adversário de Deus e do Evangelho, é literalmente chamado de "Satanás" (FERREIRA, 1991, p. 72). É este sistema que teria o poder de prender Paulo e impedi-lo de visitar a comunidade.

"De fato, qual é nossa esperança, nossa alegria, nossa coroa de glória diante do Senhor nosso Jesus, em sua vinda, senão vós? Vós sois, de fato, nossa glória e alegria" (1Ts 2,19-20).

A Igreja de Tessalônica é definida pelos apóstolos como uma âncora onde eles podem se apoiar no dia da vinda do Senhor Jesus. A comunidade é motivo de esperança, de alegria e coroa da glória. Em outras Cartas Paulinas, o motivo da "coroa da glória" é sempre o "Cristo Jesus" (Rm 15,17; 1Cor 3,21; Gl 6,14) e nunca os seres humanos (FERREIRA, 1991, p. 73).

Ao utilizar a figura da coroa da glória, os apóstolos empregam a linguagem dos jogos olímpicos da época, a qual Paulo também usa em outras Cartas (1Cor 9,24-27; Gl 5,7; Fl 2,16; 3,8-17; 2Tm 4,7). Nas Olimpíadas os vencedores recebiam a coroa como símbolo glorioso pela vitória alcançada. A comunidade de Tessalônica será a coroa da glória não diante de um trono terrestre, mas diante do Senhor Jesus. A vitória conquistada não é individual, mas coletiva, onde todos participam e chegam juntos ao objetivo. Da mesma forma como os atletas nos jogos, a Igreja de Tessalônica está superando as dificuldades e desafios, superando os obstáculos, resistindo em meio às tribulações e ameaças das autoridades e do Império. A comunidade está mantendo o rumo certo e, por isso, vai conquistar o prêmio porque é uma comunidade perseverante e vencedora.

CONCLUSÃO

O segundo capítulo da Primeira Carta aos Tessalonicenses é um texto carregado de beleza e de uma grande teologia, onde surgem como temas principais o anúncio do Evangelho e o que significa viver uma vida de acordo com o Evangelho de Jesus Cristo. Esta mensagem é comparada à Palavra de Deus revelada no

Antigo Testamento: Palavra divina que necessita da voz humana para ser anunciada e então ser acolhida.

A relação estabelecida entre os apóstolos missionários e a comunidade é de fraternidade. A Carta é escrita no plural: "nós e vós". Os membros da comunidade são chamados de irmãos. Emerge fortemente a preocupação com o cuidado. Os apóstolos agem como mãe, como pai, como irmãos. Geram, nutrem, ajudam a crescer. Tudo isso se dá em meio a perseguições e tribulações que a vivência do Evangelho pode trazer. O Evangelho é anunciado gratuitamente, sem gerar peso para a comunidade.

Neste sentido, é preciso questionar hoje aqueles que pregam um Evangelho adocicado, a serviço da teologia da prosperidade, onde os pregadores são os primeiros beneficiados social e economicamente. Ao mesmo tempo, é preciso louvar o exemplo de tantas pessoas que hoje dão testemunho, dedicando amor à causa do Reino; outros que arriscam a própria vida, como os cristãos das Igrejas perseguidas em tantas regiões do mundo, em situações de guerra e de violência, mesmo sofrendo perseguição; muitos são também aqueles que hoje são forçados a migrar deixando tudo para trás por causa dos conflitos ou de catástrofes da natureza. Mesmo assim, fortalecidos pela fé, mantêm a perseverança e testemunham o Evangelho através da reação não violenta.

Numa sociedade como a nossa em que proliferam as palavras, mas faltam os exemplos concretos de vida, a exortação dos apóstolos é mais do que atual. A Palavra anunciada necessita do testemunho concreto de quem anuncia.

Na Carta, aparece a figura de Satanás querendo impedir e atrapalhar o anúncio do Evangelho. Poderíamos questionar-nos: Quem é hoje o "Satanás" que dificulta o anúncio do Evangelho? São os meios de comunicação que alienam e manipulam a verdade; é o sistema neoliberalista com suas ramificações, que toma todo o tempo das pessoas, de modo que não possam dispor mais do tempo livre, sistema esse que exclui e empobrece tantas pessoas; mas são também as devoções e certos cultos estranhos que atraem jovens e os desviam do caminho da vida e do Evangelho.

No entanto, sente-se a força e o entusiasmo que provêm do Espírito Santo que fortaleceu e deu ânimo aos missionários e à Igreja nascente. A obra é divina e, por isso, nada pode impedir que o Evangelho seja proclamado e acolhido. Assim como a árvore resiste às intempéries e dá seu fruto, a Palavra de Deus de Deus dá frutos que podem ser comprovados no testemunho de quem anuncia e daqueles que a acolhem e nela perseveram.

BIBLIOGRAFIA

A BÍBLIA. *Novo Testamento*. São Paulo: Paulinas, 2015.

ALETTI, Jean-Noel. Paolo, teologo ed esegeta: questioni metodologiche. In: GIENIUSZ, Andrzej (org.). *Paolo di Tarso. Figura, opera, ricezione*. Roma: Urbaniana University Press, 2009.

FAUSTI, Silvano. *La fine del tempo. Prima lettera ai Tessalonicesi. Commentario spirituale.* Milano: Edizioni Piemme, 2000.

FERREIRA, Joel Antônio. *Primeira Epístola aos Tessalonicenses. Comentário Bíblico.* São Leopoldo/Petrópolis: Sinodal/Vozes, 1991.

MARINI, Filippo. *Lettere ai Tessalonicesi. Introduzione, traduzione e commento*. Roma: San Paolo, 2012.

RASTOIN, Marc. Paolo di Tarso. Quale cultura? Quante culture? In: GIENIUSZ, Andrzej (org.). *Paolo di Tarso. Figura, opera, ricezione*. Roma: Urbaniana University Press, 2009.

CAPÍTULO 5
EXCURSO

PAULO TRABALHADOR

Ildo Perondi[1]

INTRODUÇÃO

O apóstolo Paulo mudou sua vida depois do encontro com Jesus Ressuscitado, ao abraçar a causa do Evangelho. Um dos aspectos fundamentais da vida de Paulo é conhecer também a mudança que fez em relação ao trabalho. É necessário entender como a valorização do "trabalho com as próprias mãos" foi fundamental para as próprias comunidades cristãs primitivas.

Jesus de Nazaré e Paulo de Tarso viveram em ambientes diferentes. Jesus limitou-se à Palestina, e viveu mais especificamente na região Norte, na Galileia. Paulo nasceu e cresceu em meio à cultura greco-romana. Em relação à questão do trabalho, os dois têm pontos em comum e ao mesmo tempo atitudes diferentes, devido aos

---

[1] Ildo Perondi é mestre em Teologia (Roma) e doutor em Teologia (PUC-Rio). Professor no mestrado em Teologia da PUCPR e coordenador da graduação em Teologia da PUCPR/Londrina. E-mail: <ildo.perondi@pucpr.br>.

contextos onde viveram. Ao aplicar a mensagem de Jesus numa cultura helenizada e marcada pela escravidão, Paulo faz muitas opções. Uma delas é a maneira como se relacionou com o mundo do trabalho e com os trabalhadores.

Em Nazaré, Jesus era conhecido como o filho do carpinteiro (Mt 13,55) ou, segundo Marcos, "o carpinteiro" (Mc 6,3). Jesus pouco se pronunciou sobre o trabalho, ao contrário, retirou seus discípulos do trabalho para que o seguissem a serviço do Reino de Deus (Mc 1,16-20; Mt 4,18-22; Lc 5,1-11). Ao povo, Jesus pediu que confiasse na providência (Mt 6,28.34). Na parábola dos trabalhadores na vinha mandou que se pagasse o mesmo a quem trabalhou uma hora e a quem trabalhou o dia todo (Mt 20,1-15). Os discípulos deviam comer e beber daquilo que as pessoas ofereciam, pois "o trabalhador é digno do seu salário" (Lc 10,7). Quando falava de si, dizia que o seu trabalho era continuar a obra do Pai: "Meu Pai trabalha, e eu também trabalho" (Jo 5,17) (SILVA, 2005, p. 30-31).

Por sua vez, Paulo era um judeu helenista da diáspora. Parece que seu pai possuía uma situação social razoável, o que proporcionou ao filho poder frequentar escolas filosóficas em Tarso. Segundo São Jerônimo, os pais de Paulo foram escravizados, levados como prisioneiros de guerra, da cidade de Giscala, na Judeia, para a cidade de Tarso. Lá foram vendidos a um cidadão romano que, depois de certo tempo, lhes concedeu a liberdade. O pai deve ter obtido a cidadania romana e passado para o filho. Depois da morte do pai, Paulo foi para Jerusalém aprofundar os estudos com os grandes mestres da Torah. Estudou com o mestre Gamaliel (At 22,3). A sua conversão e mudança de vida religiosa o obrigaram também a ser coerente com esta opção e a mudar a sua maneira de trabalhar e se relacionar com as pessoas que trabalham.

A SOCIEDADE E O MUNDO DO TRABALHO NA ÉPOCA DE PAULO

Uma sociedade escravagista

A sociedade greco-romana da época de Paulo era uma sociedade escravagista. Há divergências entre os estudiosos sobre a porcentagem da população que era escrava. Harril afirma que "nas áreas urbanas da sociedade imperial romana, os escravos perfaziam um total de um terço da população; outros dão números mais baixos, entre 16,6 e 20 por cento" (2008, p. 510). Porém, encontramos quem afirme que cerca de dois terços da população era escrava (MONDONI, 2006, p. 34). O *Dicionário de Paulo e suas Cartas* dão uma dimensão ainda maior da situação da escravidão:

> Há estimativas de que, nos séculos I e II d.C., de 85 a 90 por cento dos habitantes de Roma e da Itália peninsular eram escravos ou de origem escrava. Os fatos e os números a respeito da escravidão nas províncias são incompletos em comparação com os da Itália, mas os indícios existentes sugerem uma porcentagem comparável (RUPPECHT, 2008, p. 479).

A dificuldade está em medir uma população que era considerada insignificante do ponto de vista social, cultural e político. Os escravos eram vistos como mão de obra que sustentava o império, tinham valor de mercadoria, sendo chamados de "bens móveis", e as leis permitiam ter a "propriedade absoluta de um ser humano como um objeto tangível que pode ser comprado e vendido" (HARRIL, 2008, p. 507).

A natureza da escravidão romana era considerada diferente da visão grega. Aristóteles considerava a escravidão uma "ferramenta viva", pois alguns corpos humanos, por força de sua própria anatomia, eram biologicamente construídos para a escravidão. Já na visão romana, os escravos eram seres humanos iguais aos outros, mas que tiveram má sorte, portanto, tornavam-se escravos fruto do destino (RUPPECHT, 2008, p. 479; HARRIL, 2008, p. 507).

Havia escravos e escravas. Nem todos os escravos eram pobres e nem todos os pobres eram escravos. A diferença de status de uma pessoa da classe baixa para uma de classe superior era baseada na escravidão e na liberdade. Isso não significava que as pessoas livres viviam melhor do que as escravas. Havia escravos que possuíam escravos, que manejavam grandes somas de dinheiro em atividades que eram, de fato, seus próprios negócios, mesmo que legalmente, e que exerciam profissões altamente qualificadas. Da mesma forma, existiam pessoas livres que passavam necessidades. No entanto, os escravos faziam tudo o que era possível para obter a *manumissão*, isto é, adquirir a liberdade, embora poucos conseguissem (MEEKS, 1988, p. 42).

As pessoas tornavam-se escravas de diversas formas: a) prisioneiros de guerras (o imperador Júlio César, só de uma feita, levou para a Itália mais de um milhão de gauleses); b) procriação: os filhos de escravos continuavam com o mesmo destino dos pais; c) mercado escravagista (era um mercado livre, sem leis, cujos mercadores e traficantes não tinham escrúpulos na aquisição e venda dos escravos, nos famosos "leilões"); filhos indesejados (havia os famosos "deixadouros" ou "achadouros", como uma lixeira municipal ou um templo do deus curandeiro Asclépio, onde se deixavam os filhos indesejados e que eram resgatados e tornados escravos) (HARRIL, 2008, p. 510).

Difícil também era definir a condição dos escravos. Diferentemente da escravidão do Brasil, onde os senhores habitavam na casa grande e os escravos na senzala, na sociedade romana escravos e senhores podiam habitar na mesma casa. E havia todo tipo de escravos: os de profissões mais nobres, como: médicos, pedagogos, engenheiros, vendedores, artesãos, mestres, poetas, arquitetos, artistas, atores, magos e filósofos. E havia também os escravos que assumiam os trabalhos braçais no dia a dia das casas, nas construções, nas lavouras etc. No entanto, a pior escravidão era aquela em que se era destinado aos trabalhos nas minas, de onde dificilmente alguém retornava. Trabalhava-se dia e noite, realizando duras tarefas, o que levava à morte em poucos anos.

Os libertos

Havia também o trabalho dos libertos, isto é, dos que não eram escravos. Podiam ser escravos que tinham conseguido se libertar ou sido agraciados pelos seus senhores. Estes podiam trabalhar como empregados, recebendo um salário, ou como profissionais autônomos.

Outros podiam ocupar funções como mestres e ensinar. Eles cobravam pelo trabalho que realizavam. Outros ainda serviam às famílias mais nobres, sendo, às vezes, tratados como filhos e ganhando eventuais "mesadas" pelo trabalho exercido.

Havia ainda aqueles que perambulavam, andavam pelas praças, exerciam profissões avulsas, viviam de esmolas e ofertas. Neste grupo encontravam-se os artistas, os pregadores ambulantes que iam de cidade em cidade e tantos outros que não eram escravos.

Os libertos ocupavam uma função peculiar dentro da sociedade romana. Formavam uma categoria transitória entre os escravos e os senhores livres. Os *libertus* eram claramente superiores aos escravos e gozavam de melhores oportunidades, porém seguiam ligados ao ex-patrão, por inumeráveis laços legais e informais, e até a morte mantinham o estigma de sua origem servil (MEEKS, 1988, p. 42).

Os cidadãos / a elite

A elite era formada por uma minoria privilegiada e rica. Prevalecia o desprezo pelo trabalho manual e a exaltação do herói guerreiro ou do filósofo dedicado ao pensamento. As pessoas dessa tal elite ocupavam cargos públicos ou eram proprietárias dos bens que administravam. Cícero considerava que o trabalho manual, como a oficina, não era lugar de um homem livre (*De Offic.* 1,150) (BARNETT, 2008, p. 535).

As mulheres da elite podiam exercer atividade no comércio e na manufatura igual a seus maridos e podiam utilizar e administrar o dinheiro que ganhavam e os bens que possuíam. Na vida social existiam até clubes de senhoras (MEEKS, 1988, p. 47).

PAULO, UM TRABALHADOR

Trabalhar com as próprias mãos

Segundo Carlos Mesters, é possível que Saulo fosse proprietário de uma oficina de fabricação de tendas em Tarso, que devia ter herdado do pai, na qual devia ter empregados e escravos. Segundo Lucas, nos Atos dos Apóstolos, Paulo possuía a cidadania romana (At 16,37-39; 22,25-29; 25,7-12; 26,32). Porém, em todas as suas Cartas, ele nunca mencionou esta condição. A mudança de vida fez com que perdesse tudo, inclusive clientes. Ao abandonar a cidade de Tarso, deixou de ser proprietário para se tornar trabalhador. Isso fez com que mudasse para uma posição socialmente inferior (MESTERS, 2004, p. 55). Se, de fato, possuía a cidadania romana, aos poucos foi ignorando-a para imitar e seguir Jesus Cristo mais de perto (Fl 3,10-11; Cl 1,24; 2Cor 4,7-10; 6,4-10; 11,25).

Em Tessalônica, Paulo evangelizou e ganhou o seu sustento da mesma forma como recomendou aos irmãos da comunidade, "trabalhando com as próprias mãos" (1Ts 2,11). Quando chegou a Corinto para fundar a comunidade, foi hospedar-se na casa de Áquila e Priscila, que deviam ter uma oficina. Lá trabalhou como "fabricante de tendas" (At 18,3), a profissão que sabia e conhecia. Era um trabalho realizado com as próprias mãos. Não era uma profissão fácil, pois esta tarefa era "desgastante para as costas, para os dedos e para os olhos. Tecer o material para as tendas implicava trabalhar com o couro, em meio à sujeira e mau cheiro, o que, segundo a mentalidade da época, causava impureza" (SILVA, 2005, p. 31). Esse trabalho talvez nem fosse tão lucrativo, e, além de causar rejeição, era preciso procurar clientes, como ele mesmo recorda aos coríntios: "Até a presente hora, temos fome, sede, estamos nus, somos esbofeteados, vagamos a esmo e nos afadigamos trabalhando com as próprias mãos" (1Cor 4,11-12).

Paulo não se envergonhava das suas mãos calejadas. Era com elas que ganhava o pão de cada dia e ainda ajudava os irmãos necessitados. Em Éfeso ele recorda isso:

Eu não desejei prata, nem ouro ou vestes de ninguém. Vós mesmos sabeis que estas mãos proveram as minhas necessidades e às dos que estavam comigo. Em tudo vos mostrei que, trabalhando desse modo, devemos ajudar os fracos e recordar as palavras do Senhor Jesus, que disse: "Há mais bem-aventurança em dar do que em receber" (At 20,34-35).

Trabalhar com as próprias mãos tinha justamente o objetivo de não se tornar um peso às comunidades que evangelizava, até para servir de exemplo aos demais (1Ts 2,9; 2Ts 3,7-9). Paulo não diferenciava o trabalho manual do trabalho de anúncio do Evangelho. Trabalhava noite e dia, e mencionou várias vezes que isso provocava fadigas (1Ts 2,9; 5,12; 2Ts 3,8; 2Cor 11,27). Ele reconhecia e valorizava o trabalho, justamente em uma cultura que desprezava o trabalho manual, por isso deu esta regra aos tessalonicenses: "Quem não quer trabalhar também não coma" (2Ts 3,10).

O fato de trabalhar com fabricação e conserto de tendas fazia com que tivesse contato com as pessoas, seus clientes. Era um trabalho árduo, que se iniciava cedo, antes do amanhecer. "De fato, recordai, irmãos, nosso esforço e fadiga, noite e dia, trabalhando para não sermos pesados a nenhum de vós, durante o tempo em que vos anunciávamos o Evangelho de Deus" (1Ts 2,9). É provável que Paulo conversasse com as pessoas enquanto trabalhava, colocando de lado o avental e as ferramentas, e se dedicasse ao anúncio do Evangelho (At 19,9-11) (BARNETT, 2008, p. 534).

Por que Paulo trabalhava?

O fato de fazer a opção por trabalhar com as próprias mãos e conciliar isso com o anúncio do Evangelho teve suas motivações. P. W. Barnett (2008, p. 534-535) vê três razões que procuramos resumir a seguir:

a) Diferenciar-se dos pregadores ambulantes: ele receava que pudesse ser confundido com os outros, alguns inescrupulosos (1Ts 1,5; 2,3-6; 1Cor 9,12; At 20,33-35). Estes "traficavam" (2Cor 2,17) ou "falsificavam" a Palavra de Deus (2Cor 4,2) e subjugavam, devoravam e aprisionavam os fiéis (2Cor 11,20).

b) Paulo considerava o ócio impróprio para o fiel cristão: o ócio era um mal, devia ser evitado. Paulo trabalhava e pedia que fosse imitado (1Ts 5,14; 2Ts 3,6-13). Trabalhando, dava exemplo concreto e com isso se sustentava (Ef 4,28; At 20,35).

c) Ser coerente com o chamado de Deus: Deus o chamou gratuitamente e, por isso, também tinha que oferecer "gratuitamente" o Evangelho às pessoas que vinham até ele (1Cor 9,16-18). Sentia-se, então, quite diante de Deus. Seu trabalho era entre ele e Deus, e ele não queria ser pago por isso.

Na Primeira Carta aos Tessalonicenses, os apóstolos Paulo, Silvano e Timóteo recordaram os trabalhos e fadigas a que foram submetidos tanto na vivência como no anúncio do Evangelho. O objetivo de trabalhar era dar o exemplo com a própria vida e também não se tornar um peso para a comunidade, nem ficar dependentes dela. Desta forma, eles se igualavam ao povo simples e a seu modo de vida, valorizando as pessoas por aquilo que elas eram e faziam.

> A prática do trabalho manual, árduo e fatigoso, soava como um tapa na cara do sistema escravagista da época. A mentalidade romana, herdada dos gregos, não permitia

à classe alta trabalhar. Trabalho era coisa de escravo. Os cidadãos dedicavam-se às atividades intelectuais, ao chamado ócio (SILVA, 2005, p. 32).

Paulo tornou-se fraco com os fracos, humilde com os humildes e trabalhador com os trabalhadores. Era essa sua pedagogia e seu método de evangelizar (cf. 1Cor 9,19-23).

O TRABALHO MISSIONÁRIO E EVANGELIZADOR DE PAULO

A gratuidade do anúncio do Evangelho

A gratuidade e a sinceridade é que deram credibilidade ao anúncio. Ninguém arriscaria passar por estas tribulações, sem ganhar nada, se não fosse por firme convicção naquilo que ensinava e vivia. Não há erro nem segundas intenções por trás do anúncio, como faziam os pregadores ambulantes. Paulo e os missionários nada queriam em troca, apenas que os irmãos perseverassem na fé que receberam e mantivessem a coerência da fé que agora abraçaram.

E o Evangelho não é somente a pregação, o anúncio de uma mensagem. O Evangelho é uma boa notícia que contempla toda a economia da salvação (Gl 1,7). Ao mesmo tempo que Paulo e seus companheiros anunciaram o plano salvífico de Deus em relação ao ser humano e ao mundo, esperavam também a adesão e a resposta com um novo modo de agir das pessoas. Com isso, demonstraram que o Evangelho transforma a vida, dá novo sentido, cria relações novas entre as pessoas, faz novas todas as coisas (Ap 21,5).

É certo que Paulo reconheceu que a pregação do Evangelho conferia ao missionário o direito a um salário, mas ele pessoalmente preferiu pregá-lo gratuitamente (1Cor 9,19). O próprio Jesus havia ensinado que o operário é digno do seu salário (Lc 10,7). É verdade também que algumas vezes Paulo aceitou ajuda de outras comunidades. Na Carta aos Filipenses, ele agradeceu à comunidade pelo auxílio que os filipenses haviam enviado quando estava evangelizando em Tessalônica, onde por mais de uma vez eles lhe enviaram suprimentos com os quais suprir as suas necessidades (Fl 4,16). Em Corinto, depois da chegada de Silas e Timóteo, parece que ele abandonou o trabalho manual para dedicar-se inteiramente à Palavra (At 18,5), porém não quis ser um peso para a comunidade, aceitando somente a ajuda que veio da Macedônia (2Cor 11,7-11). Por isso, justificou que a pregação deve ser gratuita e sem segundas intenções (2Cor 11,7; 12,13-16).

Um modelo proposto às comunidades

É na Segunda Carta aos Tessalonicenses (2Ts 3,6-15) que encontramos o melhor texto bíblico que apresenta um modelo sobre a visão cristã do trabalho. Há um incentivo para que se evite a companhia de quem caminha de modo desordenado, pedindo que todos trabalhem, pois isso faz parte da tradição (v. 6); pede-se que os irmãos imitem o modelo dos missionários que andaram de modo ordenado, ou seja, não receber o alimento obtido com o trabalho dos outros, mas trabalhando com as próprias mãos e não ser peso para ninguém (v. 7-8); é uma renúncia a um direito e um exemplo deve ser imitado (v. 9); é dada uma ordem: "se alguém não quer trabalhar, que também não coma" (v. 10); exortação àqueles que caminham desordenadamente, ou seja, que não trabalham e vivem no ócio (v. 11). A estes foi dada uma ordem e uma exortação em nome do Senhor Jesus Cristo: "que trabalhando com tranquilidade, comam seu próprio alimento" (v. 12); não se cansar de fazer o bem e evitar contato com aquele que não trabalha para eliminar a vergonha (v. 13-14) (SILVA, 2005, p. 32).

Ou seja: Paulo propôs uma nova ordem social onde o trabalho com as próprias mãos era louvado. E chamou de "desordenados", isto é, fora de ordem, aqueles que não trabalhavam, que viviam do ócio. Paulo rompeu com o "sonho ideal" de uma minoria de indivíduos que viviam às custas do trabalho da maioria e se julgavam cidadãos privilegiados, os homens livres, cuja vida se resumia no estudo, na meditação ou viver bem "ocupados em nada fazer" (2Ts 3,11). "Paulo rompeu com o sonho comum da sociedade daquela época. Rompeu com o que hoje se chama a ideologia dominante, e abriu o caminho para um novo ideal de vida" (MESTERS, 2004, p. 57).

O que Paulo ensinou não é apenas teoria. O pão de cada dia deve ser ganhado e não doado. Ele deu o exemplo com a própria vida. Mudou de lado descendo de posição na escala social, segundo o modelo da época. Por causa de Cristo, ele perdeu tudo o que tinha (Fl 3,8). Então, identificou-se com os trabalhadores assalariados, escravos, pobres e excluídos pelo sistema. Ele assumiu suas fadigas, suas dores, colocando-se no mesmo patamar. Paulo não se envergonhou de demonstrar seu cansaço e as dificuldades que passou, como: fome, frio, sede, nudez, humilhações e prisões (1Cor 15,32; 2Cor 1,8-9; 11,9.24-29; 1Ts 2,9; 5,11).

Ao mudar de lugar social, Paulo tornou-se solidário, mas sobretudo ensinou e demonstrou com a própria vida que, abraçando a causa do Evangelho de Cristo, a vida podia ter sentido. Não é pelo que tem, mas pelo que se é. Os cristãos passam a ser pessoas novas, valorizadas por Deus, que vem ao seu encontro porque são seus filhos amados. Vivendo a radicalidade do Evangelho é possível ser feliz com o pouco; a vida passa a ser bela porque é vivida em fraternidade, como irmãos, filhos amados de Deus. Por isso, mesmo em meio às prisões e tribulações, ele fala da alegria (expressão tantas vezes repetida na Carta aos Filipenses).

O trabalho passou a ser digno e também a ser uma resposta para quem levava uma vida desonesta como os ladrões: "Aquele que rouba, deixe de roubar e ponha-se a trabalhar, realizando um trabalho honesto com suas próprias mãos, para ter algo a compartilhar com os necessitados" (Ef 4,28). Trabalhando com as próprias mãos dá-se sentido à vida e ainda é possível partilhar com quem necessita.

O trabalho possibilita também a partilha com os mais necessitados. Por isso, na discussão com os líderes cristãos de Jerusalém chegou-se a este acordo: todos deviam se lembrar dos pobres (Gl 2,10). E é impressionante a preocupação de Paulo em organizar a coleta em favor dos pobres de Jerusalém. Cada um, em sua própria casa, devia colocar à parte o que conseguia ajuntar ou estivesse disponível. Isso devia ser feito semanalmente, e não somente quando Paulo estivesse presente (1Cor 16,1-2).

O Evangelho tem tanto mais efeito quanto mais gratuitamente é anunciado. Hoje, missionários, agentes pastorais, catequistas e tantas pessoas o anunciam sem temor e gratuitamente. Partilham a sua capacidade, o seu tempo e também as suas economias pela difusão do Evangelho. Assim como Jesus se fez trabalhador, Paulo também trabalhou com as próprias mãos e, hoje, a Igreja conta com esta leva de novos evangelizadores que se abrem ao Espírito Santo e dão a vida pelo Evangelho, como pede o Papa Francisco: "Jesus quer evangelizadores que enunciem a Boa-Nova, não só com palavras, mas sobretudo com uma vida transfigurada pela presença de Deus" (EG, n. 259).

BIBLIOGRAFIA

BARNETT, P. W. Fabricação de tendas. In: HAWTHORNE, G. F.; MARTIN, R. P.; REID, D. G. *Dicionário de Paulo e suas Cartas*. São Paulo/Vida Nova, Paulus/Loyola, 2008, p. 533-535.

HARRILL, J. Albert. Paulo e a escravidão. In: SAMPLEY, J. Paul (org.). *Paulo no mundo greco-romano. Um compêndio*. São Paulo: Paulus, 2008, p. 505-534.

MEEKS, Wayne A. *Los primeros cristianos urbanos. El mundo social del apóstol Pablo*. Salamanca: Ediciones Sígueme, 1988.

MESTERS, Carlos. *Paulo Apóstolo. Um trabalhador que anuncia o Evangelho*. São Paulo: Paulus, 2004.

MONDONI, Danilo. *História da Igreja na Antiguidade*. São Paulo: Loyola, 2006.

RUPPECHT, A. A. Escravo, escravidão. In: HAWTHORNE, G. F.; MARTIN, R. P.; REID, D. G. *Dicionário de Paulo e suas Cartas*. São Paulo/Vida Nova, Paulus/Loyola, 2008, p. 479-481.

SILVA, Valmor da. *Paulo, apóstolo de Jesus Cristo pela vontade de Deus! Teologia Paulina*. São Paulo: Paulinas, 2005.

CAPÍTULO 6
1 TESSALONICENSES 3,1-4,12

EM BUSCA DE SANTIDADE

Flávio Henrique de Oliveira Silva[1]

INTRODUÇÃO

Uma boa leitura das cartas de Paulo aos tessalonicenses passa, necessariamente, pela compreensão do protagonismo do Império Romano – e também do Judaísmo, conforme veremos mais à frente – em suas várias facetas, bem como pela reflexão sobre as influências e relações do mesmo nos escritos do apóstolo e por outros textos, bíblicos ou não, da época. O Império Romano, no primeiro século, não é uma instituição neutra, "é, pelo contrário, um ator principal, pois constitui a estrutura social básica, 'os poderes e principados deste mundo', com os quais a nascente comunidade se confronta" (MIGUEZ, 1990, p. 80). Portanto, antes de

---

[1] Flávio Henrique de Oliveira Silva é mestre em Teologia pela PUCPR e doutorando em Teologia pela PUCPR. Professor na Faculdade de Teologia Sul-Americana/Londrina. E-mail: <flaviohos@gmail.com>.

mais nada, é importante sublinhar alguns detalhes que retratam qual era a identidade do império e sua forma de atuação. Esses detalhes certamente trarão luz sobre os textos analisados em seguida.

A inclinação expansionista e o desejo pelo domínio e magnitude certamente estiveram presentes em toda a história do Império Romano. Ou seja, convencido de sua força e aptidão à grandeza, brotava no coração do império o anseio pelo poder e pela conquista, centro de suas motivações e ambições. Os caminhos da colonização romana, no auge do império, se traduzem por um movimento desumano de normatizações de políticas de exploração e violência generalizada contra os povos subjugados.

Eles condenavam os povos dominados e são lembrados na história pela sua capacidade de fazer vítimas. Reimer (2006, p. 74) resume as estratégias-ações dos romanos e as implicações para a vida dos conquistados da seguinte forma: (1) "exploração de recursos naturais e humanos"; (2) "violência física, sexual e psicológica contra todas as pessoas"; (3) "expansão e construção na base do trabalho escravo e da imposição de impostos e tributos". Tácito, historiador romano, fez menção da situação vivida pelos povos dominados e deu um testemunho na perspectiva dos mesmos:

> Mais perigosos do que todos são os romanos. [...] Esses ladrões do mundo, depois de não mais existir nenhum país para ser devastado por eles, revolvem até o próprio mar. [...] Saquear, matar, roubar – isto é o que os romanos falsamente chamam de domínio, e ali onde, através da guerra, criam um deserto, isto eles chamam de paz. [...]

As casas são transformadas em ruínas, os jovens são recrutados para a construção de estradas. Mulheres, quando conseguem escapar das mãos dos inimigos, são violentadas por aqueles que se dizem amigos e hóspedes. Bens e propriedades transformam-se em impostos; a colheita anula dos campos torna-se tributo em forma de cereais, sob espancamentos e insultos, nossos corpos e mãos são massacrados na construção de estradas através de florestas e pântanos (apud REIMER, 2006, p. 73-74).

Com os avanços de Roma, a violação do outro – em sua dimensão mais ampla, conforme as definições anteriores – era facilmente verificada em todas as relações interpessoais e em todas as estruturas que cercavam a vida humana, sejam elas: sociais, políticas, econômicas, artísticas, literárias, legislativas, ideológicas e religiosas. É o que alguns estudiosos costumam chamar de violência estrutural. Para Richard Horsley:

A violência estrutural foi construída e inserida na própria estrutura da sociedade e manifesta-se como um poder desigual e, consequentemente, como chances desiguais na vida. [...] Essa compreensão de violência estrutural tem suas raízes naturalmente na atenção para condições históricas concretas. Se pessoas morrem de fome quando isso é claramente evitável, então violência é cometida, e se essas mortes são o efeito do sistema social e financeiro existente, então temos violência estrutural, ou respectivamente, estruturas violentas (HORSLEY, 2010, p. 21).

Em terras alheias, as elites locais compravam o discurso legitimador dos romanos para suas táticas habituais. Entre as justificativas mais comuns, estava o argumento do progresso e da riqueza através do desenvolvimento da capacidade comercial de cada região. É o que explica Edward Said (apud ELLIOT, 2010, p. 71) ao se referir aos modelos imperialistas na antiguidade e a esse tipo de discurso – sempre esteve presente na pauta dos poderosos. Para ele "a retórica do poder produz com demasiada facilidade uma ilusão de benevolência". Por outro lado, a história precisa ser contada também pela ótica dos vencidos. No caso de Tessalônica, mais especificamente pela ótica dos trabalhadores que viabilizaram as idealizações dos romanos através do pagamento de altas taxas de impostos e mão de obra escrava, proporcionando, assim, os meios necessários para a execução dos projetos de desenvolvimento dos conquistadores. Nesse sentido, as perspectivas de Wengst (1991, p. 19) merecem destaque. Para ele, "olhar a partir de cima sobre o brilho de Roma não faz perceber toda a realidade". Por isso a necessidade de "inverter a perspectiva numa percepção a partir de baixo, para que a realidade experimentada como sofrimento não seja entregue ao esquecimento através da glorificação e para que os vencedores da história não triunfem novamente sobre suas vítimas".

A aparente benevolência a que se refere Edward Said ganha força graças às condições de Tessalônica. Uma cidade promissora, que se encaixava perfeitamente no discurso imperial de progresso e que, por isso, levou os romanos a potencializarem seu interesse pela exploração da mesma. Além de ser uma cidade portuária, parte das estradas mais importantes da região passavam por lá. Isso sem contar com um solo fértil para mineração e com um forte esquema de "cunhagem de moedas". Tudo isso colocava Tessalônica sob o status de uma cidade próspera e sob boas perspectivas de avanço, assim como pregavam os dominadores. Todavia, é preciso que se enfatize que se, "por um lado, havia desenvolvimento devido à localização da cidade, por outro, havia a exploração e a especulação, o que favoreceu o aparecimento de classes, onde a desigualdade era gritante" (FERREIRA, 1991, p. 10-14). Neste cenário as pessoas mais vulneráveis da sociedade – a Igreja de Tessalônica, ao que tudo indica, era composta por essas pessoas – eram a força motora para que a roda do poder continuasse girando e favorecendo aqueles que se beneficiavam dessa situação.

Entre os principais favorecidos do sistema estavam as elites. Elas se beneficiavam com as condições propícias de Tessalônica e com as políticas de exploração e extorsão dos romanos. Por uma questão de conveniência e pensando em sua própria sobrevivência, sem negar o domínio imperial e seus desdobramentos nocivos, as elites locais conformavam-se à situação aliando-se aos dominadores. Portanto, essa camada da sociedade deve ser analisada como parte integrante e reprodutora do sistema sociopolítico romano.

A passagem do apóstolo Paulo por Tessalônica (cf. At 17), anunciando o senhorio de Cristo (v. 3), é uma amostra dessa realidade. Vejamos algumas indicações do texto a respeito da reação dos judeus: (1) inflamaram a multidão – segundo alguns estudiosos, trata-se de um grupo utilizado como massa de manobra para os interesses dos detentores do poder e daqueles que se privilegiavam dele – contra Paulo e Silas (v. 5 e v. 8); (2) acusaram os cristãos de procederem contra os decretos de César, dizendo haver outro rei, Jesus (v. 7);

(3) recorreram/provocaram as autoridades (composta pelas elites) da cidade (v. 8).

Neste ponto, é preciso lembrar que no mundo antigo não havia separação entre questões sociopolíticas e questões religiosas – posição comumente adotada pela mentalidade ocidental moderna. A fé e as práticas religiosas não estavam alienadas das demais áreas da vida, antes, lançavam luz sobre elas. Saldarini (2005, p. 17) explica que no império "a religião achava-se incrustada na estrutura política e social da comunidade. [...] Assim, o envolvimento com a religião é, em si mesmo, compromisso político e social no sentido amplo de tais termos".

Esse detalhe nos indica, antecipadamente, que a perseguição que sofriam os cristãos não era apenas religiosa, conforme nossa compreensão de religião na atualidade, mas sim sociopolítica e religiosa. Funari (2011, p. 130) explica que

> a tolerância que os romanos tiveram para com diversas religiões do mundo por eles conquistadas não existiu, entretanto, para com a religião cristã. Os motivos da intensa perseguição sofrida pelos cristãos no período imperial não são somente de caráter religioso, mas também e principalmente político.

Conforme veremos mais adiante, nas anotações sobre os textos propostos neste capítulo, a opção de vida dos cristãos era uma ameaça a toda estrutura vigente. Soava ao império como um movimento de resistência ameaçadora, já que não se tratava de uma fé sem implicações para todas as dimensões da vida, no cotidiano.

Além das relações com a religião já mencionadas, os romanos estabeleceram uma espécie de religião oficial baseada no culto ao imperador. Eram os interesses políticos que determinavam a relevância, a necessidade de afirmação e a prática desta religião em cada região conquistada. Ao que tudo indica, a elite de Tessalônica incentivava este culto e participava dele. O motivo, segundo Ferreira (1991, p. 28), é "porque daí advinham vantagens econômicas, políticas e prosperidade". O fundamento desta religião era a lealdade dos súditos ao imperador e, consequentemente, as imposições do império. É preciso salientar que lealdade não se afirmava com mero discurso. Antes, concretizava-se em (1) opções concretas pelas opções de seu Senhor; (2) obediência/submissão irrestrita a ele.

Um dos momentos mais significativos nas celebrações dedicadas ao imperador era a afirmação de seu senhorio: "César é o *Kyrios*" (Senhor). Tal afirmação era o reconhecimento de sua identidade divina e, por isso mesmo, de sua autorização para governar/legislar da forma que lhe convinha. Funari (2011, p. 130) destaca que os cristãos se "recusavam a mostrar respeito pelos deuses romanos". Além disso, "não reconheciam a divindade do imperador e não aceitavam o culto a ele e ao Estado, sendo uma ameaça à segurança do Estado romano". Não era apenas uma questão de confissão, mas de submissão aos valores do verdadeiro *Kyrios*. A afirmação de Rubeaux (1987, p. 66-67) é precisa: "negar a divindade de César era negar o sistema religioso que legitimava o poder imperial. Os cristãos se tornavam subversivos, afirmando que há um outro rei". O autor destaca ainda que os cristãos não apenas afirmavam que César não era Deus, mas proclamavam que seu Deus era Pai de todos e que todos eram chamados a formar uma grande família de irmãos e irmãs, frustrando assim o projeto de César de se apresentar como Pai do Império (título dado ao Imperador César Augusto em 2 a.C.). Afinal, tinham pretensões políticas ao confessar um Deus único e Pai de todos.

Além do rótulo de subversivos, a posição adotada pelos cristãos lhes custou um caminho de perseguição, sofrimentos e, em muitos casos, a própria vida. As consequências de suas opções nos lembram da análise de Gutierrez (2000, p. 23) a respeito do contexto latino-americano na atualidade. O autor entende que

> para o dominador, todo gesto de libertação e de recuperação do que lhe é próprio, toda linguagem que queira partir, sem rodeios, de uma percepção de estranheza, tornam-se subversivos e merecedores de castigo por parte do poder político, militar ou ideológico que ele detém.

FORTALECIMENTO E ENCORAJAMENTO EM MEIO ÀS PROVAÇÕES: 1 TESSALONICENSES 3,1-5

[1]Por isso, não podendo mais esperar, pensamos que o melhor seria ficar sós em Atenas; [2]e vos enviar Timóteo nosso irmão, colaborador de Deus na pregação do Evangelho de Cristo, [3]a fim de vos fortalecer e encorajar na fé, para que ninguém seja abalado em meio às provações presentes, pois bem sabeis que a isso somos destinados. [4]Quando estávamos entre vós, vos preveníamos de que seria necessário sofrer provações e foi o que aconteceu, como sabeis. [5]Foi por isso que, não

podendo mais esperar, mandei saber notícias da vossa fé, temendo que o Tentador já vos tenha tentado e que nosso trabalho tenha sido inútil.

Para compreensão da primeira perícope estudada, é necessário voltar alguns versículos (1Ts 2,17-20) onde o apóstolo Paulo demonstra seu desejo em estar com irmãos da comunidade em Tessalônica, mas se diz impedido por Satanás. Satanás é "sinônimo de adversário", é a "personificação do mal" e não se trata de "uma força abstrata". Ferreira (1991, p. 73) esclarece que "concretamente, na carta aos tessalonicenses, o satanás (2,18) e o *peirázon* (tentador: 3,15) são claramente os 'judeus' e, de modo velado, o 'Império Romano', que fazem o mal crescer e alastrar-se, criando uma situação irremediável para os cristãos de Tessalônica". O autor explica que, "sejam os judeus (raça política e religiosamente forte), sejam os romanos (o *Kyrios* não é o imperador), quem é adversário de Deus é literalmente chamado de satanás. É uma palavra de conotação ideológica muito forte".

Estando, portanto, nessas condições e não podendo mais esperar, conforme inicia o capítulo 3, Paulo enviou e recomendou Timóteo. A apresentação de Timóteo e suas credencias são uma autenticação de que a mensagem será proferida por alguém cujo adjetivo é: um colaborador (que cumpre uma tarefa em nome de) de Deus – "servo de Deus" em alguns manuscritos antigos –, e cujo teor da mensagem é o Evangelho de Cristo. Nota-se em outras cartas que Paulo se refere a Timóteo como sendo seu colaborador (Rm 16,21 por exemplo). Aqui ele vai além, Timóteo é colaborador do próprio Deus, isto é, cumpre sua missão em nome do próprio

Deus – missão: pregar o Evangelho de Cristo "a fim de vos fortalecer e encorajar na fé, para que ninguém seja abalado em meio às provações presentes".

Vale também mencionar a discussão a respeito da expressão "Evangelho" ("Evangelho de Deus", em alguns textos paulinos, "Evangelho de Cristo"), pois alguns estudiosos levantam dúvidas gramaticais a respeito da mesma. Trata-se de um genitivo objetivo ou um genitivo subjetivo? "Se considerada genitivo objetivo, Deus e Cristo são o conteúdo da mensagem evangélica ('o Evangelho a respeito de Deus/Cristo'). Se considerada subjetiva, a ênfase está na variação da autoria ou fonte (e.g., 'o Evangelho oriundo de Deus/Cristo')" (HAWTHORNE, 2008, p. 520). Parece-me mais coerente com a teologia paulina considerar a expressão como sendo um genitivo objetivo (por meio de). Aplicando ao nosso texto, a referência paulina é de que o Evangelho de Cristo seja uma menção à pessoa de Cristo como sendo o próprio conteúdo do Evangelho. Em outros termos, a encarnação da própria mensagem.

Este detalhe é muito significativo. A trajetória de Cristo (nascimento-vida-morte-ressurreição), sendo ele, portanto, o próprio conteúdo do Evangelho, diante da realidade que assolava a Igreja em Tessalônica, deveria lançar luz à comunidade a respeito (1) da identidade de Jesus Cristo; (2) das posições que ele assumiu; (3) de suas ações-reações diante dos desafios que enfrentou. É preciso destacar que Paulo, já no início da Carta (1Ts 1,6), afirma que a vocação da comunidade é justamente a imitação. Havia muitas semelhanças entre o contexto onde viveu e atuou o homem de Nazaré e o contexto da comunidade nascente, uma vez que ambos estavam minados pelo poder imperial romano – e seus aliados: a elite imperial e a religião judaica. Isto, portanto, deveria facilitar a correlação entre o modelo de Jesus e a comunidade cristã em Tessalônica, no seu modo de agir. Nesse sentido são muitas as questões a serem abordas e a maioria delas foge ao escopo deste capítulo. Para exemplificar, vale citar a identificação da comunidade com os sofrimentos de seu Senhor, em nome das opções que assumiu em defesa da vida. Em outras palavras, a comunidade exposta ao sofrimento encontrava no exemplo do servo sofredor um modelo (modelo regulador). Isso, de alguma forma, certamente a animou. É possível avaliar outros exemplos mencionados por Horsley (2004, p. 111-131). Ele apresenta uma série de ações de Jesus que muito provavelmente serviram de norte para a trajetória das comunidades. "Jesus atuava no sentido de (1) sanar os efeitos do império e de (2) conclamar o povo à reconstrução da sua vida comunitária". O autor vai além e defende a tese de que Jesus "(3) propôs insistentemente um programa de revolução social para restabelecer relações econômico-sociais igualitárias justas e de apoio mútuo nas comunidades". Em suma, pode-se dizer que "(4) lançou uma missão não somente para curar os efeitos debilitantes da violência militar romana e da exploração econômica, mas também para revitalizar e reconstruir o espírito cultural e a vitalidade comunitária do povo".

Outra consideração importante a respeito da expressão "Evangelho de Cristo", e de seu possível impacto na comunidade de Tessalônica, é o fato de que *evangelion* era um termo contraditoriamente tomado pela religião imperial. Havia uma tentativa de relacionar o conceito à identidade-ação do imperador. Estudiosos explicam que "as notícias do nascimento do soberano divino, da sua maioridade, ou sua entronização, bem como dos seus discursos, decretos e atos são boas-novas que trazem o cumprimento, há tanto tempo almejado, aos anseios do mundo pela felicidade e a paz". Sendo assim, seria "razoável supor que nas igrejas primitivas esta terminologia se desenvolvera por analogia com aquela, que se associava com o evangelho do culto ao imperador, embora esteja em oposição consciente àquele" (BROWN; COENEN, 2000, p. 758-761). A atribuição desse substantivo a Cristo, seria, portanto, uma indicação do verdadeiro soberano divino de quem se poderia esperar a verdadeira Boa-Nova, cujos fundamentos são, de fato, amor, fraternidade e paz.

Pois bem, seguindo pelo texto, nota-se que a questão central é o cuidado de Paulo com a comunidade, levando-se em conta que a mesma estava exposta ao "Tentador" e consequentemente às "provações presentes". Diante de tal possibilidade, o intuito do apóstolo ao enviar Timóteo, "colaborador de Deus na pregação do Evangelho de Cristo", era "fortalecer" e "encorajar" seus irmãos em Tessalônica, para que permanecessem na fé, ainda que em meio aos sofrimentos.

Por volta dos anos 50-51, Paulo, Silvano e Timóteo fundaram a igreja em Tessalônica (cf. At 17). Os cristãos convertidos, que começaram a fazer parte da comunidade em Tessalônica, eram, em grande parte, pertencentes à classe dominada. Nas palavras de Ferreira (1991, p. 11-25), "era uma Igreja revolucionária. [...] Surgida dos pobres explorados e oprimidos, que viviam num contexto econômico, social, político e ideológico massacrantes". Uma Igreja que nasce através de uma mensagem de esperança e automaticamente se torna sinalizadora de esperança para todos que estão à margem (1) do sistema imperialista romano; (2) de uma sociedade injusta e discriminadora; (3) de uma religião opressora. Fiel a sua vocação, "questionava as estruturas de poder da época" e assumia uma postura de resistência não violenta, mas de valores. Por esta razão, "começava a ser, aos olhos dos dominantes, uma organização de cunho subversivo". Nas palavras do autor: "A perseguição aos tessalonicenses aconteceu porque a pequenina Igreja que surgia estava subvertendo o esquema reacionário e opressivo do Império Romano". Em contrapartida, para os romanos, permitir qualquer contestação seria relativizar o próprio poder. O império (e seus aliados), então, fazia questão de tornar evidente sua autoridade, respondendo através de medidas que intensificavam a perseguição.

A resposta de Paulo não é alienante quanto à realidade. Isso fica evidente em duas frases do apóstolo, ao se referir às provações/tribulações (a angústia causada por circunstâncias adversas, como a guerra ou perseguição): "... bem sabeis que a isso somos destinados... (v. 3)"; "... seria necessário sofrer provações... (v. 4)". Paulo reconheceu que o sofrimento seria uma experiência inerente aos cristãos, visto que viviam em um mundo hostil aos valores que norteavam suas vidas, e que acompanharia os que com fidelidade seguissem trilhando os passos de seu Senhor. O apóstolo, então, enviou Timóteo com o intuito de fortalecê-los (estabilizar para permanecer na mesma direção) e encorajá-los (consolar, fortalecer, exortar, instruir, ensinar, confortar) a permanecerem na fé.

Não se trata apenas de ajudá-los a manter suas convicções (teorias, crenças e discursos), mas principalmente de encorajá-los a permanecerem fiéis em suas aflições. Entre os estudiosos existem os que defendem que o sentido mais adequado para a palavra "fé" seria "lealdade" ou ainda "resistência". Essa hipótese de tradução parece bem razoável, levando-se em consideração que o contexto em que estavam inseridos os destinatários da Carta exigia exatamente isso. Na sequência do texto, veremos as reações da comunidade diante do quadro até aqui analisado.

FÉ E AMOR EM MEIO ÀS TRIBULAÇÕES: 1 TESSALONICENSES 3,6-13

> [6]Agora, Timóteo acaba de chegar da vossa comunidade e nos trazer a boa notícia da vossa fé e do vosso amor; ele diz que guardais sempre boa lembrança de nós e que desejais nos rever tanto quanto nós desejamos vos rever. [7]Assim, irmãos, encontramos em vós um consolo, graças à vossa fé, no meio de todas as nossas angústias e provações, [8]e agora revivemos, pois vos mantendes firmes no Senhor. [9]Que ação de graças poderíamos render a Deus a vosso respeito, por toda a alegria que experimentamos por causa de vós diante do nosso Deus, [10]quando noite e dia rogamos com insistência, para que nos seja dado rever-vos e completar o que falta à vossa fé? [11]Queira o mesmo Deus, nosso Pai, e nosso Senhor Jesus dirigir nosso caminho para vós. [12]Que o Senhor faça crescer e abundar o amor que tendes uns para com os outros e para com todos, à imagem de nosso amor para convosco. [13]Que ele fortaleça assim vossos corações numa santidade irrepreensível diante de Deus, nosso Pai, por ocasião da vinda de nosso Senhor Jesus com todos os seus santos.

Nota-se no texto que a reação da comunidade diante das adversidades é de fé. Paulo celebra as boas notícias que recebe de Timóteo em seu retorno, constatando que, "apesar de privações e tribulação", os alicerces da fé estavam nos seus devidos lugares, ainda que houvessem deficiências (v. 10). Fé, como vimos anteriormente, é sinônimo de resistência e lealdade. Lealdade ao verdadeiro Senhor e, consequentemente, a sua proposta de vida que lhes fora anunciada e que lhes servia como paradigma para a construção de sua própria caminhada. Manter-se fiel exigia perseverança-resistência em reação às hostilidades a que estava sujeita. A fé da comunidade nascente imediatamente mostrou seus efeitos ao animar o apóstolo em sua jornada. "Nós fomos encorajados/consolados por você através de sua fé" (v. 7). Isto é, a notícia da fé e fidelidade dos tessalonicenses, apesar das adversidades, encorajou Paulo em sua própria experiência de angústia e aflição.

Indivisível a fé, a esperança estava presente no discurso paulino, ainda que não apareça literalmente no texto – fé, esperança e amor fazem parte de uma tríade bem conhecida nos escritos de Paulo; é inclusive mencionada na própria Carta aos Tessalonicenses (1,3). A mensagem cristã de fé e seu modo de propor uma nova vida, através de uma comunidade de iguais e responsáveis uns pelos outros, geravam no coração do povo a esperança de um modelo alternativo de vida.

A assimilação da fé, como resposta à situação sociopolítica e religiosa da comunidade, ganhou ainda mais vigor graças à tônica apocalíptica, e esta compreendida pelas lentes de uma mensagem de esperança. Alguns estudiosos defendem que "o estudo sociológico de grupos concentrados na escatologia enfatiza que uma nova experiência de privação relativa, originada de mudanças nas estruturas e nos padrões de relações da sociedade, em geral, está por trás desse tipo de interesse escatológico". Essa ideia está em harmonia com a realidade em Tessalônica, portanto, "o anúncio paulino do Evangelho oferecia exatamente essa fé escatológica" (HAWTHORNE, 2008, p. 1193). Para Ferreira (1991, p. 93), "a literatura apocalíptica foi escrita como expressão de uma consciência crítica intensa. Diante do poderio dos impérios da terra, os apocalípticos, com muita fé e compromisso, apresentavam alternativas de sobrevivência para resistir à violência". O autor entende que,

> com os baixos salários, a fome aumentando e a falta de recursos dos proletários urbanos, o anúncio do Cristianismo, especialmente do apocalipticismo, se torna fácil de ser assimilado. [...] O Evangelho apocalíptico passava a ser uma esperança para as massas exploradas. [...] Uma legião de trabalhadores e marginalizados, pela primeira vez, em séculos, começou a sentir que a novidade do Evangelho era endereçada a eles. A apatia deu lugar à esperança (FERREIRA, 1991, p. 19-25).

De fato, a orientação escatológico-apocalíptica é inegável na literatura paulina – embora, na atualidade, seu significado sofra uma série de distorções e reducionismo. Para ilustrar, verifica-se em nossa perícope o uso da expressão "vinda de nosso Senhor Jesus" (v. 13). Uma expressão carregada de significado político e que, por isso, descarta a tentativa de algumas correntes teológicas de minimizar aspectos centrais deste gênero literário. *Parusia* (vinda, chegada), por exemplo, conforme explica Stroher (2007, p. 63), estava "relacionada à vinda ou à visita de personagem ilustre, do rei ou de um dirigente, e na linguagem da corte refere-se à chegada de César". *Kyrios* (Senhor), por sua vez, é "usado de forma ampla para o senhor da casa (*oikos*), na parte oriental do Mediterrâneo, no entanto, refere-se aos imperadores romanos". Paulo, portanto, "toma termos políticos usados oficialmente e os ressignifica teologicamente; reafirmando que *parusia*, como paz e segurança, é direcionada a Cristo, não às ordens imperiais".

Em outros textos (cartas) o tom escatológico-apocalíptico aparece como resposta ao sofrimento e visivelmente conclama à esperança: (1) "Considero que os nossos sofrimentos atuais não podem ser comparados com a glória que em nós será revelada" (Rm 8,18); (2) "Pois os nossos sofrimentos leves e momentâneos estão produzindo para nós uma glória eterna que pesa mais do que todos eles (2Cor, 4,17).

É bem provável que essa dimensão escatológico-apocalíptica da fé "fosse grande o bastante para motivar acusações de subversão política" (HAWTHORNE, 2008, p. 1193), uma vez que, além da ressignificação de termos políticos, fomentava temas como o da justiça, por exemplo. A dimensão da justiça era semeada através do discurso de uma intervenção de Deus no mundo, na construção de um sistema justo em oposição à injustiça intrínseca ao sistema instituído e seus desdobramentos de poder violento. É importante salientar que um dos fundamentos desse discurso era o de que essa ação divina já havia irrompido na história: o Deus justo liberta dos poderes opressores e de falsos deuses, e forma uma nova comunidade à luz dos termos da justiça, segundo seus próprios desígnios – amor, igualdade, solidariedade, serviço e fraternidade.

Uma das marcas essenciais da fé – de uma fé viva/ substancial – é o amor. "O amor representa a fortificação ética da justiça. [...] Desse modo, há uma correlação necessária entre a fé em Cristo e o amor pelos outros (HAWTHORNE, 2008, p. 68). Nota-se no texto que é exatamente o amor o outro caminho encontrado pela comunidade, em reação à perseguição e às tribulações a que estavam vulneráveis – "Timóteo acaba de chegar da vossa comunidade e nos trazer a boa notícia da vossa fé e do vosso amor" (v. 6). Paulo já havia reconhecido que o amor fazia parte da comunidade em Tessalônica (1:3). Agora, além de reconhecer o amor como resposta ao ambiente desfavorável, intercede para que o amor de uns para com os outros possa "crescer" e "abundar" (v. 12). É interessante notar no texto que a oração do apóstolo é para que o amor não seja restrito à própria comunidade cristã, mas para que a comunidade tenha também uma disposição caridosa e a devida preocupação com o bem-estar de todos.

A palavra "amor" (ágape) mencionada pelo apóstolo no texto indica caridade, a partir de uma iniciativa (ação) nem sempre subordinada ao que se sente – conforme tende-se a pensar na atualidade. Paulo, portanto, não estava fazendo referência a categorias subjetivas/abstratas. Pelo contrário, referia-se a um conteúdo concreto, visível e com ações verificáveis na história. A compreensão mais adequada para o termo era de um movimento que reagia a opressão, convidando as pessoas a assumirem um novo compromisso umas com as outras para a construção de um ambiente comunitário baseado no cuidado mútuo. Nesse sentido, a prática do amor foi se tornando um testemunho de resistência, não armada, visto em ações de solidariedade. Em outros termos, o amor que movia a comunidade se traduzia em experiências de partilha, despertando muitos a compartilharem seus recursos uns com os outros.

Se o Império Romano e seus aliados articulavam um ambiente opressor, responsável pela multiplicação de vítimas, a comunidade que nascia, tendo como paradigma fundamental a própria vida de seu Senhor, ainda que ameaçada, respondia com expressões de amor, à luz das instruções que receberá: "viver em paz uns com os outros, consolar os desanimados, amparar os fracos, ser generosa com todas as pessoas, não retribuir mal por mal" (STROHER, 2007, p. 61). Pois bem, a temática do amor segue pela perícope seguinte e outras observações nos ajudarão a compreender melhor sua relevância para o contexto em que estavam inseridos os cristãos de Tessalônica.

EXORTAÇÃO À SANTIDADE:
1 TESSALONICENSES 4,1-12

> [1]Do resto, irmãos, eis nossos pedidos e nossas exortações no Senhor Jesus: vós aprendestes de nós como proceder para agradar a Deus, e é assim que procedeis; fazei ainda novos progressos. [2]Sabeis, de fato, as instruções que vos demos da parte do Senhor Jesus. [3]A vontade de Deus é a vossa santificação, que vos abstenhais da imoralidade, [4]que cada um de vós saiba casar-se para viver com santidade e honestidade, [5]sem se deixar levar pela paixão,

como fazem os pagãos que não conhecem a Deus; ⁶que ninguém prejudique seu irmão, nem lhe cause dano nesta matéria, pois o Senhor se vinga de tudo isso, como já dissemos e testemunhamos. ⁷De fato, Deus não nos chamou para viver na impureza, mas nos chamou para a santidade. ⁸Assim, pois, aquele que rejeita esses ensinamentos não é um homem que rejeita, mas o próprio Deus que vos dá o seu Espírito Santo. ⁹Sobre o amor fraternal, não tende necessidade de que se vos escreva, pois vós mesmos aprendestes de Deus a vos amardes uns aos outros; ¹⁰aliás, é o que fazeis, a respeito de todos os irmãos, na Macedônia inteira; nós vos exortamos, irmãos, a que façais ainda novos progressos: ¹¹tomai a peito viver uma vida tranquila, ocupar-vos com vossos negócios e trabalhar com vossas próprias mãos, como ordenamos, ¹²para que vossa conduta seja decorosa aos olhos dos estranhos e não tenhais precisão de ninguém.

O texto acima, a terceira perícope analisada, indica alguns caminhos e reforça outros, para um estilo de vida alternativo e de resistência. Para Boring (2015, p. 357), um estilo de vida "resumido como santidade e amor". Ao longo das reflexões até aqui propostas, ficou evidente que a comunidade cristã em Tessalônica nasceu em um ambiente hostil – composto por instituições de poder injustas e por relações desumanas –, diametralmente oposto àquilo que estava sendo desafiada a construir, tendo como paradigma o modelo de vida de seu Senhor.

Na construção de seu argumento o apóstolo menciona a vontade de Deus, e esta como sendo a santificação da comunidade (v. 3). A partir daí, associa o conceito de santificação com algumas relações comunitárias, que serviriam como testemunho e identificariam a comunidade cristã como um movimento singular, distinto de qualquer grupo naquele contexto. Boring (2015) reforça a tese da relação intrínseca entre santidade e vida comunitária – contrapondo várias escolas de interpretação que desassociam uma coisa da outra, tratando o tema como uma questão privada. Ele explica que "como é o caso da ética bíblica em geral, a ética de Paulo é explicada como fazendo a vontade de Deus. Quanto a Jesus, bem como quanto a Paulo, o viver correto é uma questão de responsabilidade para com Deus e cuidado para com os outros". Esse também é o argumento de Ferreira (1991, p. 86). Para o autor: "a santidade acontece quando os homens e mulheres se inter-relacionam numa linha de respeito, convivência e transformação, para um mundo novo, sendo conduzidos pelo Espírito da vida".

No texto, a primeira relação a ser revisitada, à luz de uma vida "santa", é a relação conjugal – "que cada um de vós saiba casar-se" (v. 4). Ao que tudo indica esta exortação é reflexo da desigualdade entre homem e mulher naqueles dias. As mulheres, no contexto imperial do primeiro século, sofriam toda espécie de discriminação, abuso e buscavam sobrevivência em um mundo marcado pelo modelo patriarcal hierarquizado, onde a subordinação da mulher ao homem era uma realidade construída através da ideia de que os homens eram seres superiores. Na relação conjugal, o homem estava amparado pela lei a repudiar a sua mulher. Isto é, deixá-la à margem em condições indignas, sem qualquer prova que a desqualificasse. Para Ferreira (1991, p. 84), o discurso exortativo de Paulo, pela santificação nas relações matrimoniais, denunciava que "a violação dos direitos matrimoniais é injustiça que pede a Deus vingança". O autor lembra que "a palavra vingador é atribuída nos Salmos sempre ao Deus que toma partido dos oprimidos (Sl 99,8 e 94,1) contra os opressores (ímpio) para fazer justiça". Ele entende que, no contexto da comunidade em Tessalônica, o uso do termo "é semelhante ao dos Salmos"; e que, portanto, ninguém "pode ser violado ou desrespeitado".

Seguindo pelo texto, o ponto seguinte ressaltado por Paulo é a relação entre irmãos: "que ninguém prejudique seu irmão, nem lhe cause dano nesta matéria" (v. 6). Aqui o apóstolo, segundo Ferreira (1991, p. 84-85), está "condenando energicamente a apropriação dos bens materiais alheios, ou seja, a ganância, a ambição ou ganho. Isto era típico da vida comercial do Império Romano e, aqui, no caso de Tessalônica. Este tipo de vida leva ao individualismo egoísta, destruidor de qualquer possibilidade de organização comunitária".

É preciso destacar o uso da palavra "irmão" no texto. "É na ótica do irmão, da vida comunitária, que os cristãos precisam agir e viver", levando-se em conta que no Império Romano as relações eram marcadas por hierarquias, traduzidas por toda sorte de violação do mais forte contra o mais fraco. Trilhar caminhos de santidade significava a reconsideração do outro, olhando-o como um igual.

> Em todos os ângulos da vida, em qualquer situação adversa ou não, os cristãos têm que mudar o modo de ver as coisas. Sua visão é bem diferente da visão do Império Romano e das religiões que faziam o seu jogo. Os cristãos têm diante de si o Ressuscitado que os anima, e têm uma tarefa importante pela qual lutar: o empenho por um mundo de irmãos.

Por fim, na sequência do texto, reaparece a temática do amor. O que não é de se estranhar, já que para os estudiosos "todo conceito paulino de vida santa é dominado pelo amor" (HAWTHORNE, 2008, p. 67). Santidade e amor andam de mãos dadas, o que torna inadequada a ideia de uma vida santa que seja solitária, fria, desumana e alienada das vivências do amor. O texto diz: "sobre o amor fraternal, não tende necessidade de que se vos escreva, pois vós mesmos aprendestes de Deus a vos amardes uns aos outros; aliás, é o que fazeis, a respeito de todos os irmãos, na Macedônia inteira; nós vos exortamos, irmãos, a que façais ainda novos progressos". Ainda que o apóstolo julgue desnecessário aprofundar-se na questão, uma vez que o amor já era uma realidade na comunidade, reafirma a necessidade de progressos.

Mas o que enxergou Paulo, a ponto de reconhecer a realidade do amor fraterno na vida da comunidade? Bem, na perícope anterior, vimos que o amor foi uma das respostas/reações dadas pela comunidade ao sistema imperial romano e a suas práticas de desamor. Para Ferreira (1991, p. 86-88), sem amor fraterno não existe comunidade, daí sua afirmação: "é da vida de amor fraterno que surge a Igreja. É a grande experiência de solidariedade, de unidade. Ninguém vive isolado, porque existe comunidade". Além disso, é o sinal visível que identifica e legitima o pressuposto de ser uma "comunidade cristã", em razão de ser o "amor fraterno o que concretiza a adesão da comunidade a Jesus Cristo".

Além de testemunhar estes sinais na vida da comunidade, o apóstolo presenciou o cuidado e o compromisso da mesma com os mais vulneráveis, àqueles a quem estavam aprendendo a chamar de "próximo". Theissen

(2009, p. 99) lembra que o conceito de amor ao próximo já se encontrava no Antigo Testamento (prescrito na lei de santidade – Lv 19). O autor entende que esse amor liga-se a um "etos-de-misericórdia oriental comum, que vale para os fracos, as viúvas e os órfãos, portanto, para pessoas que possuem condições ou marginais". Schillebeeckx (2008, p. 242) reforça a tese de Theissen de que o "próximo" se referia ao compatriota pobre ou mais humilde, o socialmente mais fraco, o menor que precisa de proteção.

A comunidade de Tessalônica compreendia e experimentava essa dinâmica e, por isso, tornou-se um ambiente de resistência, esperança e paz. Uma paz, claro, em oposição à ilusão da *pax romana*. Paz, segundo Bingemer (2001, p. 68), conforme a dinâmica da paz neotestamentária. Isto é, "inseparável da dinâmica do amor".

BIBLIOGRAFIA

A BÍBLIA. Tradução Ecumênica. São Paulo: Paulinas; Loyola, 2002.

BINGEMER, Maria C. L. (org.). *Violência e religião: Cristianismo, Islamismo, Judaísmo*: três religiões em confronto e diálogo. São Paulo/Rio de Janeiro: Ed. PUC-Rio/Loyola, 2001.

BORING, Eugene. *Introdução ao Novo Testamento*: história, literatura, teologia. São Paulo/Santo André: Academia Cristã/Paulus, 2015, V. I.

BROWN, Colin; COENEN, Lothar (org.). *Dicionário Internacional de Teologia do Novo Testamento*. 2. ed. São Paulo: Vida Nova, 2000.

BRUNT, P. A. Laus imperii. In: HORSLEY, R. A. (org.). *Paulo e o império*: religião e poder na sociedade imperial romana. São Paulo: Paulus, 2004, p. 33-42.

ELLIOT, Neil. *A arrogância das nações*: A Carta aos Romanos à sombra do Império. São Paulo: Paulus, 2010.

FERREIRA, Joel Antônio. *Primeira Epístola aos Tessalonicenses*: a Igreja surge como esperança dos oprimidos. Petrópolis: Vozes, 1991.

FUNARI, Pedro Paulo. *Grécia e Roma*. São Paulo: Contexto, 2011.

GUTIÉRREZ, Gustavo. *Teologia da libertação*: perspectivas. São Paulo: Loyola, 2000.

HAWTHORNE, Gerald et al. (orgs.). *Dicionário de Paulo e suas Cartas*. São Paulo: Vida Nova/ Paulus/Loyola, 2008.

HORSLEY, Richard A. *Jesus e a espiral da violência*: resistência judaica popular na Palestina romana. São Paulo: Paulus, 2010.

MALINA, Bruce. *O Evangelho social de Jesus*: o reino de Deus em perspectiva mediterrânea. São Paulo: Paulus, 2004.

MIGUEZ, Nestor. Perdoa-nos as nossas dívidas: O Império e os pobres no tempo neotestamentário. *RIBLA*, Petrópolis, n. 5-6, p. 80-92, 1990.

REIMER, Ivoni Richter. *Economia no mundo bíblico*: enfoques sociais, históricos e teológicos. São Leopoldo: CEBI/Sinodal, 2006.

RUBEAUX, Francisco. A luta permanente. *Estudos Bíblicos*, Petrópolis, n. 6, p. 65-77, 1987.

SALDARINI, Anthony. *Fariseus, escribas e saduceus na sociedade palestinense*. São Paulo: Paulinas, 2005.

SCHILLEBEECKX, Edward. *Jesus, a história de um vivente*. São Paulo: Paulus, 2008.

STROHER, Marga. Cuidado com os que proclamam paz e segurança. *Estudos Bíblicos*, Petrópolis, n. 93, p. 59-64, 2007.

THEISSEN, Gerd. *A religião dos primeiros cristãos*: uma teoria do Cristianismo primitivo. São Paulo: Paulinas, 2009.

WENGST, Klaus. *Pax romana*: pretensão e realidade. São Paulo: Paulinas, 1991.

CAPÍTULO 7
EXCURSO

VIVER EM SANTIDADE
A TRANSFORMAÇÃO DA HUMANIDADE RENOVADA

Luiz Alexandre Solano Rossi[1]

INTRODUÇÃO

Possivelmente uma das maiores fraquezas do Cristianismo contemporâneo esteja relacionada com a dificuldade de compreender a relação próxima e indissociável entre o ensino e a prática da vida cristã. A dificuldade em bem compreender semelhante relação leva ao surgimento de discípulos e discípulas de Jesus que sofrem de "esquizofrenia espiritual", ou seja, pessoas que vivem

---

[1] Luiz Alexandre Solano Rossi é mestre em Teologia (ISEDET/Buenos Aires); doutor em Ciências da Religião (UMESP); pós-doutor em História Antiga (UNICAMP) e em Teologia (FULLER Theological Seminary). Professor no mestrado e doutorado em Teologia da PUCPR e da UNINTER (Centro Universitário Internacional).

à beira de um abismo entre aquilo que sabem e aquilo que fazem. Todas as vezes em que participamos de grupos de reflexão, da catequese, de missas e outros mais, acrescentamos conhecimento teórico e crescemos na fé. Mas, parece, que todos os conhecimentos acumulados com o passar dos anos acabam sendo guardados em locais secretos – e as chaves jogadas fora – de nossas mentes, e raramente alguns deles se materializam na prática do cotidiano.

Todavia, devemos lembrar-nos de que o discípulo e a discípula de Jesus não são conhecidos e reconhecidos pelo muito falar e, sim, pelos frutos produzidos. São notáveis as palavras de Jesus nesse sentido: "Eu sou a videira, e vocês são os ramos. Quem permanece em mim, e eu nele, dará muito fruto, porque sem mim vocês não podem fazer nada. (...) A glória de meu Pai se manifesta nisto: que vocês deem muitos frutos e se tornem meus discípulos" (Jo 15,5 e 8).

Viver em santidade implica comportamento, ou seja, se a santidade é oferecida a Deus, ela acontece da maneira como se vivem e se constroem as relações interindividuais. Se somos santos para Deus, não podemos ser o "inferno" para os outros. Parece claro, portanto, que a vida santificada tem seu início quando caminhamos em direção ao próximo.

A base da santificação se encontra na santidade do próprio Deus. Moltmann (1999, p. 168) recorre a expressões do Antigo e Novo Testamento para afirmar que "Deus é o 'Santo de Israel' (Is 43,3); Deus é chamado santo juntamente com o poder e o terror que procedem dele (Ex 15,11); ele é santo e ciumento (Js 24,19); santo e verdadeiro (Ap 3,7) e santo e justo (Sl 145,17)".

Em Isaías 6, por exemplo, Javé é descrito com os traços de um rei e se encontra em posição de exercício de poder. Os serafins, assistentes de Javé, estão de pé, indicando que a presença deles representa o serviço. O cântico que é entoado por eles "santo, santo, santo" não representa uma invocação à santidade e virtude de Deus, mas à sua exclusividade para Israel. Nesse caso, a santidade e/ou exclusividade de Javé implica a fidelidade absoluta de Israel para com ele. De acordo com Asurmendi (1982, p. 31), é a primeira vez que o título "Senhor dos exércitos" é dado a Deus e, portanto, utilizado no Antigo Testamento.

É importante reconhecer que toda e qualquer redução de Deus à plausibilidade daquilo que é considerado humano implica necessariamente a manipulação do divino e a redução deste à imagem e semelhança do humano. É somente "o Deus santo, com sua majestade, seu rigor e sua ira incompreensível, que garante a dimensão humana" (JUNGLING, 2003, p. 398). O reconhecimento da santidade de Javé e de que, por isso mesmo, ele é o grande Outro é que, de fato, garantirá e assegurará a preservação dos valores humanos, isto é, daquele que se autoconsidera "outro". A palavra "santo" é de extrema importância no livro de Isaías. De 1,4 a 60,14 a palavra "santo" ocorre 35 vezes. Trata-se, certamente, de um condutor teológico e, nesse sentido, demonstra, segundo Jungling (2003, 397), que "como santo, Deus cobra rigorosamente a decisão da pessoa de praticar o bem". Assim, a santidade seria a condição humana apropriada para aqueles que são membros da família de Deus.

A santificação acontece no espaço público das ruas e não no espaço privados das igrejas. Nesse sentido, a santificação é um exercício constante de aproximação do ser humano para, junto dele, construir uma nova humanidade. Por isso é possível, seguindo a intuição de Moltmann (1999, p. 167), afirmar que a santificação possui uma tríplice dimensão, a saber, pessoal, social e política. É interessante perceber que todas as dimensões se relacionam necessária e exclusivamente com o "mundo humano" e não com o que poderíamos denominar de "mundo divino". A intuição parece-me clara, ou seja, nos santificamos cuidando dos outros.

A santidade possui um ar de radicalidade. Ela pode ser considerada um objetivo de vida. É viver de um modo que agrada a Deus. Mas o que agrada a Deus? As palavras das Sagradas Escrituras não deixam dúvidas:

– Amós 5,24: "Eu quero, isto sim, é ver brotar o direito como água e correr a justiça como torrente que não seca".

– Jeremias 22,15-16: "Pois ele fez o que é justo e o que é direito, e em seu tempo tudo correu bem para ele. Ele julgava com justiça a causa do pobre e do indigente. E tudo corria bem para ele! Isto não é conhecer-me? – Oráculo de Javé".

– Oseias 6,6: "Pois eu quero amor e não sacrifícios, conhecimento de Deus mais do que holocaustos".

– Miqueias 6,8: "Ó homem, já foi explicado o que é bom e o que Javé exige de você: praticar o direito, amar a misericórdia, caminhar humildemente com o seu Deus".

A experiência de agradar a Deus, a partir dos textos anteriores, apresenta-se como urgência. À medida que caminhamos em direção aos mais fracos, praticando o bem, a santidade se faz presente em cada passo. Se, para muitos cristãos, é difícil saber qual a vontade de

Deus para a vida deles, quando vamos aos textos bíblicos não temos dificuldade alguma em encontrá-la. A resposta mais simples e direta poderia ser: agradamos a Deus quando desejamos o que Deus deseja. E o que ele deseja? Novamente os textos bíblicos já apontados indicam a direção, ou seja, caminhar em direção das outras pessoas, principalmente as mais vulneráveis, praticando o bem!

Tudo o que podemos fazer deveria ser moldado por uma questão central: "Isto agradaria a Deus ou não?". Nesse sentido, seguindo a intuição de KROLL (2008, p. 33), "viver em Cristo significa que continuamos a procurar a vontade de Deus mesmo depois de o ter encontrado". A santidade sempre se faz pelas trilhas do mundo. E, a cada passo dado, essa santidade se apresenta na direção dos passos dados, isto é, da própria existência. Talvez pudéssemos compreender que a santidade pertence à própria existência e não necessariamente àquilo que fazemos. Assim, existimos para ser santos, mas não isolados uns dos outros, sempre pelas trilhas do mundo e a caminho do Reino, sempre caminhando em direção aos pobres, pois, nas sábias palavras de São Vicente de Paulo: "Se dez vezes caminharmos em direção aos pobres, dez vezes nos encontraremos com Deus".

Em 1 Tessalonicenses nos deparamos com uma das mais importantes exortações de Paulo sobre a vida em santidade. Paulo produz uma "mensagem equilibrada e possante que visa fortalecer a fé dos leitores e exortá-los a uma vida santificada mediante a referência a situações e experiências concretas (PATTE, 1987, p. 179). Uma exortação, portanto, cujo objetivo principal é orientar os tessalonicenses a levarem uma vida cristã santificada. O coração da exortação de Paulo se encontra em 4,3: "Esta é, pois, a vontade de Deus, a santificação de vocês".

Em poucas semanas ou, talvez, meses, o apóstolo Paulo havia ensinado a jovem comunidade a não se converter apenas à essência das Boas-novas, mas, também, à essência do bem viver a vida cristã; havia ensinado não somente a respeito da fé em Cristo, mas, também, sobre como autenticar a fé em Cristo a partir do comportamento no cotidiano.

É exatamente por isso que uma das mais distintivas características da Carta aos Tessalonicenses seja a frequência com a qual o apóstolo se refere ao que havia ensinado quando esteve com eles (STOTT, 1991, p. 49). As frases falam por si mesmas, reforçando o ensino ético de Paulo quando esteve pessoalmente em Tessalônica:

– "Vocês aprenderam de nós como viver para agradar a Deus" (4,1);

– "Vocês já conhecem as instruções que lhes demos da parte do Senhor Jesus" (4,2);

– "Como já lhes dissemos e asseguramos" (4,6);

– "Conforme os instruímos" (4,11).

Paulo recorre à honra dos tessalonicenses e insiste na condição deles de "eleitos" e "santos". Em 1 Tessalonicenses 1,12, lemos palavras esclarecedoras de Paulo ao pedir à comunidade um comportamento "digno de Deus". A palavra que sobressai é "comportamento". Não se vive em santidade de forma neutra, isolada e alienadamente. A santidade acontece em meio ao cotidiano. Significa assumir comportamentos que não acontecem no entorno e, até mesmo, que negam a prática de todos os outros. Poderíamos, nesse sentido, assumir a santidade como uma atitude contracultural. É por causa disso que

Paulo estabelece uma linha muito bem definida entre os cristãos e aqueles que não são cristãos ("e não se deixem levar pelas paixões, como as nações que não conhecem a Deus" 1Ts 4,5). O cristão, para Paulo, é identificado em oposição ao seu entorno, que é considerado idolátrico. Deste modo, a fronteira do grupo é marcada com nitidez total e, consequentemente, todos poderiam perceber que grupo é e o que define sua superioridade moral.

Wright (1997, p. 151), após anotar que a santidade se apresenta como um tema difícil e complexo, enfatiza que Paulo "vê a santidade não como uma opção extra" para o cristão. Não seria, portanto, algo que alguns cristãos poder-se-iam permitir e outros não, conforme uma opção pessoal. E continua: "a santidade é uma característica indispensável de todos aqueles que são renovados em Cristo".

CONCLUSÃO

Os cristãos em Tessalônica viviam como um pequeno grupo de irmãos e irmãs envolvidos por um mundo hostil. E, muito possivelmente, a hostilidade aumentava de intensidade à medida que aqueles jovens cristãos começavam a praticar um estilo de vida que era diametralmente oposto àquele que era praticado pelos que viviam intensamente a cultura greco-romana.

Paulo queria instruir e encorajar aqueles novos cristãos a perseverar na fé e desenvolver o primeiro amor. A santidade não é composta de apenas um passo, diria o apóstolo Paulo. Ele sabia e aconselhava os cristãos da primeira hora da comunidade de Tessalônica que eles necessitavam ir muito mais além do primeiro passo de fé em Cristo. Havia a imperiosa necessidade, após o primeiro passo, de múltiplos passos de uma vida em Cristo.

A fé em Cristo não congela e/ou paralisa a pessoa. Ao contrário, coloca-a a caminho!

Cada passo nesse novo caminho parece indicar que a santidade pode ser compreendida como tempo de crescer. Por isso, Paulo, quando escreve à jovem comunidade, não está de forma alguma dando a ela um novo ensino com um novo conteúdo. Ele faz mais do que isso, ou seja, dá um passo a mais em sua catequese e indica para os primeiros cristãos e cristãs um caminho a seguir.

A santidade cristã não pode ser compreendida fundamentalmente como se fosse composta de regras e normas intermináveis, mas, sim, de relacionamentos. Afinal, os relacionamentos são diários e marcados pela infinitude, ou seja, uma grande teia que tecemos diária e continuamente. Trata-se, de fato, de um chamado à santidade; especialmente à santidade que se expressa em amor nos relacionamentos pessoais. Se a nossa justificação em Cristo acontece uma única vez e para sempre, nossa santificação é contínua, isto é, ela se espalha pelo cotidiano cada vez mais e mais.

Se fizéssemos um exercício de imaginação, certamente ouviríamos Paulo dizer à comunidade de Tessalônica: "Eu ouvi boas notícias a respeito de como vocês estão se comportando. Que ótima notícia. Agora, continuem no mesmo caminho, fazendo a mesma coisa e muito mais".

A santidade, conclusivamente, deve sempre ser compreendida como um processo.

BIBLIOGRAFIA

ASURMENDI, J. M. *Isaías 1-39*. São Paulo: Paulinas, 1982.
CROATTO, José S. *Isaías. V. I: 1-39. O profeta da justiça e da fidelidade*. Petrópolis: Vozes, 1999.

KROLL, Woodrow. *1 & 2 Thessalonians*. Wheaton: Crossway Books, 2008.
MOLTMANN, Juergen. *O Espírito da vida*. Petrópolis: Vozes, 1999.
PATTE, Daniel. *Paulo, sua fé e a força do Evangelho*. São Paulo: Paulinas, 1987.
STOTT, John. *The Message of Thessalonians. Preparing for the Coming King*. Leicester: Inter-Varsity Press, 1991.
THISELTON, Anthony C. *1 & 2 Thessalonians Through the Centuries*. West Sussex: John Wiley & Sons Ltda, 2011.
WRIGHT, N. T. *El verdadero pensamiento de Pablo*. Terrassa: Editorial Clie, 1997.

CAPÍTULO **8**
1 TESSALONICENSES 4,13-5,11

O DESTINO DOS MORTOS E VIVOS NA VINDA DO SENHOR

Vicente Artuso[1]

INTRODUÇÃO

O povo cristão tem consciência de que a morte faz parte da vida, como momento derradeiro de nossa passagem neste mundo. Assim Cristo morreu, ressuscitou e passou para a glória junto ao Pai. Da mesma forma, a morte do cristão é passagem para a vida plena com Deus. Porém, quando ela surpreende de forma mais trágica, como ocorre com as vítimas de terremotos, atentados, epidemias, guerras, acidentes aéreos, acidentes no trânsito, então a fé é abalada. Surgem as interrogações de sempre: Qual o sentido desta vida? Por que pessoas inocentes são vítimas dessas desgraças? O que nos espera

---

[1] Vicente Artuso é doutor em Teologia com área de concentração em Teologia bíblica na PUC-Rio, mestrado em Exegese bíblica pelo Pontifício Instituto Bíblico de Roma, professor do mestrado e doutorado em Teologia da PUCPR.

depois de nossa existência terrena? Diante das desgraças, as pessoas são tomadas de tristeza e desolação.

Os textos analisados falam das dúvidas e incertezas dos cristãos de Tessalônica em relação ao destino dos mortos, por ocasião da vinda do Senhor. Eles estavam tristes com a perda de seus entes queridos. Os missionários esclarecem a fé na ressurreição de Cristo. E isso dará consolo e esperança à comunidade. O presente estudo esclarece a fé na ressurreição e na vinda do Senhor como fundamento da esperança. A perseverança da esperança, a fé ativa e a caridade esforçada (1Ts 1,3) dão aos cristãos nova força de viver em meio a tribulações. As exortações à vigilância preparam os cristãos para o dia do Senhor. Enfim a Carta aos Tessalonicenses "nos propõe um fim positivo da história, o sentido da vida e da morte" (FAUSTI, 1994, p. 8-9).

Procedemos a apresentação da tradução dos textos seguida de uma análise literária e interpretação teológica.

**A ESPERANÇA NA VINDA DO SENHOR:
1 TESSALONICENSES 4,13-18**

Tradução de 1 Tessalonicenses 4,13-18 (tradução quanto possível literal)

- v. 13. "Não queremos que vós irmãos ignoreis, a respeito dos que estão dormindo (dos mortos) para que não vos entristeçais, como os outros que não têm esperança.
- v. 14. Se de fato cremos que Jesus morreu e ressuscitou, assim também Deus, por meio de Jesus, levará com ele os que estão dormindo (os mortos).

- v. 15. Isto pois dizemos a vós na Palavra do Senhor, que nós os vivos, os que restamos para a vinda do Senhor não passaremos a frente dos que dormiram (morreram).
- v. 16. Pois ele, o Senhor ao chamado, na voz do Arcanjo e na trombeta de Deus descerá do céu e os mortos em Cristo ressuscitarão primeiro.
- v. 17. Em seguida, nós os vivos que restamos junto com eles seremos arrebatados nas nuvens para o encontro com o Senhor nos ares. E assim estaremos sempre com o Senhor.
- v. 18. Portanto exortai-vos mutuamente com estas palavras."

Contexto

A seção da carta em 1 Tessalonicenses 4,13–5,11 sobre o destino dos vivos e mortos, diante da vinda do Senhor, situa-se no grande conjunto de exortações do apóstolo em 1 Tessalonicenses 4,1–5,22. São duas questões tratadas: a) o destino dos mortos e dos vivos no momento da parusia (1Ts 4,13-18); b) o tempo da parusia mesma com exortações à vigilância (1Ts 5,1-11). Estes textos são interpretados à luz dos discursos escatológicos de Jesus (Mc 13; Mt 24-24). O gênero literário é o apocalíptico, já usado pelos profetas e apocalípticos. A comunidade recém-formada tinha dúvidas e necessitava completar a fé. Qual o destino daqueles que partiram? Quando será o fim? Como poderiam participar da vinda gloriosa de Cristo, a qual estava próxima? Havia também o receio da comunidade de que os mortos seriam excluídos na vinda iminente do Senhor. Pensavam eles que a libertação fosse resultado da descida do céu do Filho de Deus (1Ts 1,10). Isso aconteceria enquanto estivessem ainda vivos! Além do mais, havia em Tessalônica quem espalhasse a vinda próxima do Senhor através de profecias, ou até mesmo por carta que diziam ser de Paulo (cf. 2Ts 2,2). Esse clima de insegurança, receio e falta de uma fé mais esclarecida são os motivos dos textos exortativos em relação à vinda do Senhor.

Organização de 1 Tessalonicenses 4,13-18

a) Lembrança do querigma perante a ignorância em relação ao destino dos mortos (1Ts 4,13-14).

b) Esclarecimento da dúvida: na parusia tanto os que morreram como os vivos estarão junto do Senhor (1Ts 4,15-17).

c) Conclusão: exortação mútua com a Palavra do Senhor (1Ts 4,18).

Há uma unidade em torno do tema da ressurreição de Cristo (v. 14) que é base da fé na ressurreição dos mortos (v. 16) e do encontro de todos com Cristo por ocasião de sua vinda (v. 15). Essa é Palavra do Senhor, isto é, o querigma que dará a consolação à comunidade diante de sua tristeza pelos que morreram.

Análise teológica

Situação de ignorância em relação ao destino dos mortos: o texto grego de 1 Tessalonicenses 4,13 traz: "não queremos que ignoreis no que se refere aos que estão dormindo". Os que "dormem" aqui são os mortos, assim como aqueles que ressuscitam "despertam" para a vida. Paulo irá exortar mais adiante: "Nosso Senhor

Jesus Cristo morreu por nós a fim de que seja que vigiemos seja que estejamos no sono, vivamos junto com ele" (1Ts 5,10). Tanto vivos como falecidos estaremos todos juntos com o Senhor por ocasião de sua vinda. No momento os cristãos de Tessalônica, recém-convertidos, são tomados pelo sentimento de dor diante da morte. A ignorância não parece ser incerteza da ressurreição, pois eles haviam acreditado no Deus vivo, e esperavam a volta do seu Filho (1Ts 1,10). A dúvida seria sobre o modo como acontecerá a ressurreição dos mortos. A exortação é para não ficar triste como "os outros". Isto é os "de fora" (1Ts 4,12).

Os outros que não têm esperança são aqueles que põem a esperança unicamente nos bens desta vida, buscam a glória no poder terreno. Nesse grupo de fora da comunidade são incluídos tanto os pagãos que não acreditam na ressurreição como os detentores do poder em todo Império Romano. Portanto, a tristeza é própria daqueles que não conhecem a Deus, pois o conhecimento de Deus comporta esperança fundada na certeza da ressurreição final e na participação da vinda de Cristo.

O querigma da ressurreição (1Ts 4,14): "Se cremos que Jesus morreu e ressuscitou. Assim também os que morreram em Jesus, Deus há de levá-los em sua companhia" (v. 14). A frase supõe a fé da comunidade na morte e ressurreição de Jesus. A ressurreição é a base da fé. Se Cristo não ressuscitou, vazia é a pregação e vazia também é a fé (1Cor 15). Porque Cristo ressuscitou dentre os mortos "os que morreram em Jesus, Deus há de levá-los em sua companhia". Morrer na graça de Cristo é passar da morte para a vida. Quem vive em Cristo já passou da morte para a vida, está na "companhia de

Jesus". No entanto, vive ainda neste mundo e deve enfrentar conflitos, perseguições, desânimos. A experiência de estar em Cristo faz do cristão nova criatura. Assim, será capaz de dar um novo significado à vida, porque vive em Cristo e nele encontra força de superar.

Paulo, na Carta aos Filipenses, esclarece melhor sobre a vinda de Cristo pelo seu testemunho: "Para mim viver é Cristo e morrer é lucro" (Fl 1,21). Na verdade, por causa da vida em Cristo, a morte é vista como encontro com Cristo ressuscitado, assim ela ganha novo sentido, como mistério pascal, de passagem e como coroamento de uma vida na graça. Portanto, trata-se de um pensamento mais evoluído de Paulo em relação à vinda de Cristo. Ele tem a certeza de que estar com Cristo ou ir ao encontro dele acontece no viver dia a dia e na morte. Já não se fala de uma possível vinda gloriosa, enquanto ainda as pessoas estão vivas neste mundo. Nesse sentido, o encontro com Cristo tanto acontece na experiência de fé na vida terrena como também na morte, vista não como fim, mas parte da vida.

Os que morreram em Cristo não estão em desvantagem em relação com os vivos na vinda do Senhor, a qual não se sabe nem o dia nem a hora. A escatologia, o fim que é a comunhão plena na graça, já acontece no cristão batizado. "Todos vamos ao encontro do Senhor, e estaremos sempre com ele" (1Ts 4,17). "Fostes sepultados com ele no Batismo, também com ele ressuscitastes, pela fé no poder de Deus, que o ressuscitou dos mortos" (Cl 2,12).

A teologia de Paulo em outras cartas coloca no mesmo nível os vivos e mortos: todos os que vivem na fé já estão com Cristo e a morte é a passagem para a vida plena de ressuscitados. Portanto, a previsão da vinda de Cristo só para os vivos cai por terra, é desmistificada. Quem está em Cristo já é nova criatura! Conclui-se que "Jesus morto e ressuscitado" (v. 14) não é somente a repetição de uma fórmula, mas é a base fundamental da ressurreição e glorificação dos mortos (cf. GHINI, 1980, p. 219). A certeza na ressurreição é a base da esperança na união plena com Cristo. A morte não separa os cristãos.

Na parusia todos juntos estarão com o Senhor (1Ts 4,15-17): a afirmação "isto dizemos na Palavra do Senhor" (v. 15) representa uma mensagem profética para a Igreja. Na "Palavra do Senhor" de fato indica a Boa-Nova de Jesus Cristo morto e ressuscitado (BRODEUR, 2013, p. 135). A ressurreição é fundamento da teologia paulina e de que todos os batizados estão em Cristo. Não haverá desvantagem dos mortos em relação aos vivos. Os vivos não passarão adiante dos mortos por ocasião da vinda de Cristo. "A ressurreição de Jesus e, em consequência, a dos fiéis são ações salvíficas de Deus Pai. Os fiéis que morreram na total comunhão com Cristo continuarão totalmente unidos a ele, que vive e reina para sempre na glória (Fl 3,20-22; 1Cor 15,44; Rm 8,19.21.23; Ap 21,1.5). Podemos dizer que a ressurreição dos mortos já teve início com a ressurreição de Cristo e que o Ressuscitado é também a causa da nossa ressurreição (1Cor 15,21-23) (FERREIRA, 1991, p. 90). Os fiéis que morreram antes da vinda de Cristo ressuscitarão antes para participar da grande festa, a parusia do Senhor.

Segue em 1 Tessalonicenses 4,16 uma descrição da descida de Jesus do céu com três elementos tirados da corrente apocalíptica: "ao chamado", "a voz do arcanjo", "a voz da trombeta". São estas expressões simbólicas do "sinal dado por Deus" para indicar o início dos últimos acontecimentos. Será o anúncio que reunirá a todos em Cristo, um anúncio de alegria e vitória com Cristo Ressuscitado. Em seguida virá a descida de Cristo do céu, também com marca apocalíptica, como o Filho do Homem vindo sobre as nuvens (Dn 7,13-14). A vinda de Cristo será, então, seguida primeiro da ressurreição dos mortos e depois do arrebatamento dos vivos nas nuvens para o encontro com o Senhor nos ares (v. 17).

Segundo Barbaglio (1989, p. 98), Paulo descreve a vinda do Senhor baseando-se na chamada "parusia". O termo designa no mundo grego a vinda solene de um personagem importante, o imperador que visitava as cidades. O cerimonial previa a alegre saída dos cidadãos ao encontro do visitante, encontro festivo. No seu significado teológico o encontro com Cristo ressuscitado destaca a indestrutível comunhão dos fiéis vivos e falecidos entre si e com o Senhor na glória. "Estaremos sempre com o Senhor" (1Ts 4,17). A linguagem é apocalíptica e de esperança, pois anuncia o momento do encontro como coroamento daqueles que viveram em Cristo e fiéis a ele morreram.

Para o apóstolo Paulo, a ressurreição de Cristo é a primeira das ressurreições dos mortos, e introduz no céu a Cristo ressuscitado, primeiro para ser juiz e salvador (1Ts 1,10), e o processo é continuado pela ressurreição dos mortos (CERFAUX, (I) 2012, p. 72). Aqui a escatologia das Cartas aos Tessalonicenses em relação à ressurreição do corpo e ao encontro com Cristo precisa ser completada à luz de 1Cor 15. "Assim como todos morrem em Adão em Cristo todos recebem vida por sua ressurreição" (cf. 1Cor 15,21-22). A dificuldade do leitor em relação a 1 Tessalonicenses 4,13-18 é de entender a ressurreição e sua relação com a parusia e a ressurreição final. Diz a carta que "os mortos em Cristo ressuscitam primeiro" (1Ts 4,16), e se hoje professamos a fé de que "todo cristão que morre em Cristo com ele ressuscita", por que acrescentar a ressurreição final do corpo e a segunda vinda de Cristo? Para iluminar a reflexão: É certo que a plenitude da salvação já aconteceu, na plenitude dos tempos, quando Deus enviou seu Filho nascido de mulher (Gl 4,4). No entanto, a participação em Cristo só alcançará o seu fim na transformação completa dos crentes na imagem de Deus em Cristo. A obra será concluída quando a glória perdida e a imagem desfigurada pela desobediência humana estiverem totalmente renovadas (2Cor 3,18; 4,4-6) (DUNN, 2003, p. 552). Então, irá acontecer a consumação da obra da salvação, quando "Cristo entregar o Reino a Deus Pai depois que tiver destruído todo principado, toda autoridade, todo poder" (1Cor 15,24). Isto é o poder do antirreino de Deus, presente nos poderosos que oprimem, perseguem.

Essa ressurreição final, e consumação da história, inclui toda a criação. Uma vez libertada da corrupção e do mal, participa da gloriosa liberdade dos filhos de Deus (Rm 8,21). A realização da esperança vai além da vida presente: "se temos esperança em Cristo somente para esta vida, somos os mais dignos de compaixão de todos os homens" (1Cor 15,19). O decisivo (ibid., p. 528) da salvação já aconteceu no ato de abraçar a fé, mas a obra de Deus na recuperação do indivíduo ainda não está completa. O cristão vive o "já" da salvação e ao mesmo tempo o "ainda não". Os que creem, continuam em Adão na fragilidade humana, mas também estão em Cristo e começaram a experimentar a vida, embora ainda falte participar da experiência plena da ressurreição de Cristo na ressurreição do corpo. É isso o que determina a experiência de ser salvo como um processo de tensão escatológica, a tensão entre uma obra "iniciada" mas não "completa", entre o cumprimento e a consumação, entre um decisivo "já" e um "ainda não" a ser concluído (ibid., p. 527).

Exortação final: "Exortai-vos pois uns aos outros com estas palavras" (1Ts 4,18). A vida iluminada pela fé ganha novo sentido. Segue uma atitude de confiança e esperança que corta pela raiz a angústia diante da morte. A Igreja reza no prefácio dos falecidos: "Para os que creem, a vida não é tirada, mas transformada. Desfeito nosso corpo mortal nos é dado no céu um corpo imperecível". Portanto, à luz da fé, o ser humano encontra sentido na vida e na morte. A morte não separa os vivos dos falecidos, pois todos estão unidos na mesma fé e vivem o mistério pascal na sua experiência diária. Os sofrimentos presentes não têm comparação com a glória futura. O fim da vida terrena passa a ser fim de uma missão cumprida como o próprio Jesus expressou: "Tudo está consumado", e entregou o seu espírito. O autor do livro da Sabedoria, bem próximo do Novo Testamento, falava da morte como entrega na mão de Deus. "A vida dos justos está na mão de Deus e nenhum tormento os atingirá" (Sb 3,1). É justamente no período do helenismo que a fé na imortalidade e ressurreição começa a surgir.

A VIGILÂNCIA NA ESPERANÇA DA VINDA DO SENHOR: 1 TESSALONICENSES 5,1-11

Tradução de 1 Tessalonicenses 5,1-11

- v. 1. "A respeito dos tempos e dos momentos, irmãos, não tendes necessidade de vos escrever.
- v. 2. De fato, eles sabem perfeitamente que o dia do Senhor vem como um ladrão de noite.
- v. 3 Quando dizem: paz e segurança, então subitamente a destruição cairá sobre eles, como quem tem a dor no parto, e não poderão fugir.
- v. 4. Vós pois, irmãos, não estais nas trevas, para que (aquele) dia vos surpreenda como um ladrão.
- v. 5. De fato, todos vós sois filhos da luz e filhos do dia. Não somos da noite nem das trevas.
- v. 6. Portanto não durmamos, como os outros, mas vigiemos e sejamos sóbrios.
- v. 7. Os que estão dormindo, dormem de noite, e os que estão se embriagando, embriagam-se de noite.
- v. 8. Nós, pois, sendo do dia, sejamos sóbrios sendo revestidos da couraça da fé e do amor e capacete da esperança da salvação.
- v. 9. Pois Deus não nos destinou para a ira, mas para a aquisição da salvação por meio do Senhor nosso Jesus Cristo,
- v. 10. daquele que tendo morrido em favor de nós a fim de, seja que vigiemos, seja que estejamos no sono, vivamos junto com ele.
- v. 11. Por essa razão, exortai-vos mutuamente e edificai-vos um ao outro, como fazeis".

Contexto

Em 1 Tessalonicenses 4,13, Paulo tratou de responder: "do que se refere aos que dormem", isto é, os mortos. Explicou, fundamentado no querigma, que, aqueles que morreram em Jesus, Deus vai levá-los em sua companhia (v. 14), e terminou com a afirmação "estaremos para sempre com o Senhor" (v. 17). Essa realidade é motivo de consolo entre os cristãos. Nessa parte doutrinal sobre a parusia passou a tratar da questão a respeito do tempo da parusia: "No que se refere ao tempo e momento" (1Ts 5,1). Usou uma linguagem de exortação aos cristãos, falando sobre como devem viver na esperança da vinda do Senhor. Conclui em 1 Tessalonicenses 5,11, apelando à comunidade para edificar-se mutuamente e consolar-se. Os dois textos 1 Tessalonicenses 4,13-18 e 5,1-11 formam uma unidade, sendo introduzidos com linguagem semelhante e terminando com uma afirmação semelhante: "Assim estaremos sempre com o Senhor" (4,17), "para que vivamos com ele" (5,10), e com a exortação para consolar-se mutuamente (1Ts 4,18 e 5,11).

Organização do texto.

A exortação pode ser dividida em duas partes:
- 5,1-3: O tempo da parusia: Quando o Senhor virá?
- 5,4-11: Atitudes do cristão diante do dia do Senhor: Como viver na esperança da vinda do Senhor?
  5,4-5: Consolação
  5,6-8: Exortação
  5,9-10: Apresentação da realidade da salvação
  5,11: Conclusão

ANÁLISE TEOLÓGICA

O tempo da parusia, tempo de salvação

Em relação ao tempo, quando vai acontecer a vinda do Senhor não se sabe e não se pode prever com nossos cálculos. Aquele dia chega de improviso, como um ladrão. Não há nada o que fazer, senão estar vigilantes, atentos aos fatos da história.

Em 1 Tessalonicenses 5,1 a Carta distingue o tempo cronológico, que pode ser medido, o *kronos* (nove vezes em Paulo). É o tempo não determinado e que condiciona o ser humano que deve adaptar-se as suas condições. Nascemos, crescemos, adoecemos, morremos. Somos condicionados às limitações do tempo e contingências da vida. Por sua vez, o *kairós* (trinta vezes em Paulo) é o momento determinado, oportuno, o momento estabelecido por Deus para tomar uma decisão. No *kairós* o ser humano decide e intervém na história para fazer acontecer. Portanto, é o tempo de decisão, como o dia em que o malfeitor ao lado da cruz de Jesus pediu: "Jesus, lembra-te de mim, quando vieres com teu Reino" (Lc 23,42). Aquele dia foi um *kairós*, o momento da graça, a oportunidade de mudar de vida, o que aconteceu de fato. Pois Jesus lhe respondeu: "hoje estarás comigo no paraíso" (Lc 23,43). Portanto, com o *kairós*, traduzido aqui como "momento", o texto quer falar do tempo de Deus e a comunidade deve perceber os sinais de Deus na história e tomar atitudes concretas. Eles não podem ficar de braços cruzados, mas devem agir diante das oportunidades. Esses momentos oportunos se constituem em chamados para mudar de atitude, e são imprevisíveis. Jesus também advertiu os fariseus, que sabiam prever quando choveria ou não, mas não sabiam distinguir os "sinais dos tempos" (*semeia ton kairon*) (Mt 16,3).

O Dia do Senhor

Em relação à vinda do "dia do Senhor" (1Ts 5,2), ele não explica, pois a comunidade já sabe. São esclarecimentos conhecidos da tradição sinótica: "Daquele dia e da hora, ninguém sabe, nem os anjos dos céus, nem o Filho, mas só o Pai" (Mt 24,36; Mc 13,32). O dia do Senhor vem como o ladrão de noite (1Ts 5,2) e de forma imprevisível. Dia do Senhor é presente na tradição sinótica (M 24,43-44; Lc 12,39-40), com as imagens das dores de parto (Mt 24,8; Mc 13,8), o improviso (Lc 21,34) (cf. GALIZZI, 1976, p. 113). Esse "dia do Senhor" corresponde à origem hebraica da parusia, a vinda do Senhor.

No Antigo Testamento, o "dia do Senhor" era visto como a gloriosa intervenção de Deus para dar vitória a seu povo, seria o dia da salvação esperada (FERREIRA, 1990, p. 95). A começar por Amós (5,18.20), assim como por outros profetas (Is 13,6.9; Ez 7,10; Jl 2,11; Sf 1,7), é tomado no sentido do dia da ira do Senhor, do julgamento por causa das injustiças e pecados do povo. No Novo Testamento se torna o "dia do Senhor" em que o Filho do Homem se revelará (Lc 17,30). É também dia de juízo (Mt 10,15). Para Paulo, o Dia do Senhor (2Ts 2,2; 1Cor 5,5) ou aquele dia (2Ts 1,10; 2Tm 1,12) é dia de salvação e, ao mesmo tempo, dia da ira (Rm 2,5). Segundo Ferreira (1990, p. 95), Dia do Senhor é o dia em que o ressuscitado se mostrará Salvador e Juiz Universal.

Quando todos disserem "paz e segurança" (1Ts 5,3). Este versículo tem cunho profético. Aqueles que se refugiam em falsas seguranças de paz e ignoram a importância de assumir os apelos do Evangelho, serão pegos desprevenidos. O texto parece aludir à "paz romana", que de fato era aparente. Revoltas contra o império eram tramadas na base, sem que os poderosos fossem advertidos. Assim como ocorreu nos tempos de Noé, casavam e davam-se em casamento, festavam. Então, de improviso veio o dilúvio e matou a todos (cf. Mt 24,38). O juízo é certo como as dores da mulher em parto e ninguém poderá escapar. A comunidade cristã não pode ficar alheia aos fatos comuns da história. À luz da fé, esses são sinais dos tempos que revelam os chamados de Deus. O fim, a vinda do Senhor, tem sempre ligação com o presente (testemunho comunitário).

Andar na luz

"Não andais nas trevas" (1Ts 5,4) significa que o mundo dos cristãos e daqueles que não creem são opostos, pois a imagem das trevas se contrapõe à imagem da luz (1Ts 5,5). Os cristãos são "filhos da luz e filhos do dia" e, como batizados, já vivem o Dia do Senhor como luz. As quatro imagens do v. 5 (luz-trevas, dia-noite), paralelas entre elas, mostram a contraposição: os filhos da luz não podem ser das trevas; os filhos do dia não podem ser da noite (GHINI, 1980, p. 239). Na regra da comunidade de Qumran se encontra essa oposição luz-trevas: "Em uma fonte de luz estão as origens da verdade e numa fonte de trevas está a origem da injustiça". "Na mão do príncipe das luzes está o império sob todos os filhos da justiça, esses andam no caminho da luz. E na mão do anjo das trevas está o império dos filhos da injustiça: eles andam no caminho das trevas. Mas Deus de Israel e o anjo da verdade socorrem todos os filhos da luz" (1QS 3,19-21.24-26). Jesus se apresenta no Evangelho como Luz: "Eu vim ao mundo como luz, para que todo o que crê em mim não fique nas trevas" (Jo 12,46). "Cristo é o verdadeiro sol cujos raios dão vida" (Clemente de Alexandria). Quem acredita vê com uma luz que ilumina todo o percurso da estrada, porque nos vem de Cristo ressuscitado" (PAPA FRANCISCO, *Lumen Fidei*, n. 1). Isso é motivo de conforto e consolação para os cristãos hoje, que esperam a vinda do Senhor.

Vigilância

Em 1 Tessalonicenses 5,6-8, encontramos os verbos que formam a exortação: "não durmamos", "estejamos acordados", "sejamos sóbrios" (v. 6). O sono e o despertar servem para exortar a vigilância e sobriedade; primeiro em forma negativa "não durmamos", depois em forma positiva "estejamos despertos". Ser sóbrio (*nêphô*) significa não se embriagar, ser lúcido. Pierre Rigaux traduz "ser consciente". A vigilância e a sobriedade são atitudes que comportam uma viva consciência da espera do Senhor. Porém, a vigilância e sobriedade incluem fortaleza na fé e no amor e uma esperança aberta à salvação. A linguagem do mundo militar expressa isso. O cristão precisa estar pronto como o soldado, com a couraça da fé e o capacete da esperança da salvação (1Ts 5,8). As virtudes da fé, esperança e caridade determinam a abertura concreta ao futuro (BARBAGLIO, (I), 1989, p. 100).

A realidade da salvação

Deus não nos destinou para a ira, isto é, para o juízo e a perdição, mas para a salvação (v. 9). Salvação é a meta para a qual Deus destinou o ser humano. Para isso os cristãos são eleitos (1Ts 1,5). A salvação nos vem por Cristo, "que morreu por nós a fim de que na vigília ou no sono vivamos unidos a ele" (1Ts 5,10). É a única vez que nas Cartas aos Tessalonicenses se encontra a afirmação: "Cristo morreu por nós". A afirmação retoma em parte Isaías 53,5-6. A morte de Cristo é o gesto salvífico por excelência. Por sua morte e ressurreição, ele se tornou Senhor e mediador da salvação (GHINI, 1980, p. 240).

O convite aos tessalonicenses a se exortarem mutuamente com estas palavras (1Ts 5,11) retoma a conclusão do texto precedente (1Ts 4,18), mas acrescenta o convite: "edificai-vos mutuamente como já fazeis". A certeza da fé deve resultar no crescimento e solidariedade de uns com os outros.

CONCLUSÃO

Nas exortações paulinas, há a preocupação de motivar a comunidade a assumir a sua história. O Dia do Senhor vem de forma imprevisível e, por isso, requer de cada um assumir a própria vida, cuidar das próprias coisas com fidelidade e honestidade. É hoje o dia da salvação! No dia a dia o Senhor se revela, nos acontecimentos da história. Há o momento oportuno de discernir os apelos de Deus e abrir-se ao novo. O chamado de Deus interpela a uma resposta positiva e compromissada na caminhada da vida. Na vida de ressuscitados, a realidade futura já se faz presente, e, em parte, o céu que esperamos está na experiência de comunhão de todos na fé, esperança e caridade.

No entanto, há de se enfrentar os conflitos, fazer rupturas para recomeçar, pois vivemos na esperança da realização plena do Reino até a consumação da história. Nas situações difíceis da vida, com tribulações e incertezas, a comunidade dos tessalonicenses buscou conforto na Palavra do Senhor, que é a Boa-Nova da ressurreição. Se Cristo ressuscitou os cristãos, também estes ressuscitam com Cristo para estarem na sua companhia. Todos estarão com ele no Reino futuro, e desde agora, para quem vive a vida de ressuscitado com Cristo. O mal não tem significado escatológico, porque será vencido antes do fim (2Ts 2,1-12); não tem a palavra final, pois é fim em si mesmo, mas não o fim de tudo. A tristeza é vencida pela Palavra que ilumina e nos dá alegria de conhecer nosso destino comum (cf. FAUSTI, 2000, p. 98 e 101).

BIBLIOGRAFIA

DE LA PENA, Juan L. Ruiz. *La pascua de la creación. Escatologia*. Madrid: Biblioteca de Autores Cristianos (BAC), 2000. (Serie Manuales de Teologia.)

DUNN, James D. G. *A teologia do Apóstolo Paulo*. São Paulo: Paulus, 2003

CERFAUX, Lucien (I). *Cristo na Teologia de Paulo*. Santo André: Academia Cristã/Paulus, 2012.

BARBAGLIO, Giuseppe. *As cartas de Paulo I*. São Paulo: Loyola, 1989.

FAUSTI, Silvano. *La fine del Tempo. Prima lettera ai Tessalonicesi. Commentario spirituale*. Casale Monferrato, 2000.

FERREIRA, Joel. *Primeira epístola aos Tessalonicenses*. Petrópolis: Vozes/ Sinodal, 1991.

GALIZZI, Mario. Le due lettere ai Tessalonicesi. In: 7/*Il Messaggio della Salvezza. Lettere di San Paolo e Lettera Agli Ebrei*. Torino: Elle di ci, 1976.

GHINI, Emanuela. *Lettere di Paolo ai Tessalonicesi. Commento Pastorale*. Bologna: Editoriale Dehoniano, 1980.

HAWTHORNE, F. Gerald; MARTIN, Ralph P.; REID, Daniel G. (org.) *Dicionário de Paulo e suas Cartas*. São Paulo: Loyola/Paulus/Vida Nova, 2008.

MARGUERAT, Daniel (org.). *Novo Testamento. História, escritura e teologia*. São Paulo: Loyola, 2009.

MARSHALL, I. Howard. *I e II Tessalonicenses. Introdução e comentário*. São Paulo: Vida Nova, 1983. (Série Cultura Bíblica.)

CAPÍTULO 9
EXCURSO

A VINDA DO SENHOR
O FUTURO DO HOMEM E DO MUNDO

Vicente Artuso[1]

INTRODUÇÃO

Este excurso visa alargar o entendimento da vinda do Senhor, chamada parusia no contexto da teologia da história da salvação. São três tratados da antropologia teológica: 1) a criação: homem criado à imagem e semelhança de Deus; 2) a graça: homem remido gratuitamente por Cristo; 3) a escatologia: trata do destino último do ser humano chamado à salvação. O futuro do ser humano remido por Cristo, sua esperança, é o conteúdo da escatologia cristã. O termo significa: tratado das "coisas últimas". Em termos conhecidos da catequese se dizia:

---

[1] Vicente Artuso é doutor em Teologia com área de concentração em Teologia bíblica na PUC-Rio, mestre em Exegese bíblica pelo Pontifício Instituto Bíblico de Roma, professor do mestrado e doutorado em Teologia da PUCPR.

morte, juízo, inferno, paraíso. No contexto da teologia bíblica, o estudo é mais amplo. Temos "o Dia do Senhor" (juízo ou salvação) associado à "parusia" (segunda vinda de Cristo), "a ressurreição dos corpos" e a consumação da história, que é a "escatologia do mundo". Não são tratados estanques, mas interligados num "sistema", na tríade: Deus, homem, mundo. O conceito de Reino de Deus, na sua dimensão presente e futura, anunciado e realizado na prática de Jesus, visa à salvação de todo homem e do mundo.

A vinda do Senhor, assim, é entendida como consumação da história, quando Deus será tudo em todos, no novo céu e na nova terra. Porém, vivemos na esperança. Segundo Moltmann (2007, p. 103): "O êxodo para a liberdade e a ressurreição para a vida eterna do mundo são protótipos de um novo começo. O fim de Cristo na cruz não foi a coisa derradeira, mas se tornou seu início no espírito que o vivifica".

ESCATOLOGIA:
TRATADO DAS COISAS ÚLTIMAS

A palavra "escatologia" deriva do grego *éschaton*, que significa "aquilo que está mais distante de todos". Em sentido temporal, significa os últimos acontecimentos, o fim de todo ser humano, o fim da obra da construção do Reino e o fim da história. Nesse sentido o termo é usado pelos profetas na literatura apocalíptica para falar que o mal será vencido. Pierre Rigaux, estudioso da Carta aos Tessalonicenses, assim define escatologia: "É a esperança de uma intervenção divina que comporta mudanças radicais das condições humanas e das relações entre Deus e os homens". O tema do futuro último do homem e do mundo é abordado por Paulo, especialmente, em 1 Tessalonicenses 4,13-18; 1 Coríntios 15; 2 Coríntios 5,1-10; Filipenses 1,20-24 e 3,20-21 (BARBAGLIO, (II) 1989, II, p. 402), e nos Evangelhos aparece especialmente em Marcos 13 e Mateus 24–25 e no livro do Apocalipse de João.

Observa-se que a mensagem da escatologia em geral vem expressa com uma linguagem apocalíptica que opõe este mundo mau ao mundo futuro que virá a ser instaurado com a intervenção de Deus no fim dos tempos (Apocalipse de João). Porém, a escatologia na dimensão da esperança cristã não prega a destruição do mundo por ser mau, mas a transformação a partir da história.

ESCATOLOGIA E REINO DE DEUS: DIMENSÃO PRESENTE E FUTURA

Quando se fala das realidades últimas, está incluído o reinado de Deus na consumação da história da salvação. Marcos relata: "Depois que João foi preso veio Jesus para a Galileia proclamando o Evangelho de Deus: Completou-se o tempo e o Reino de Deus está próximo. Arrependei-vos e crede no Evangelho" (Mc 1,14-15). A plenitude dos tempos chegou com o anúncio do Evangelho do Reino. É agora o *kairós*, o tempo de Deus oportuno que requer a decisão de se arrepender e crer na Palavra. Portanto, o Reino acontece na pessoa, na Palavra e na prática libertadora de Jesus. Ele coloca em prática o programa de "evangelizar os pobres", e realiza o conteúdo libertador desse Evangelho: "a remissão dos presos, a vista aos cegos, liberdade aos oprimidos". Enfim, "proclamar o ano da graça do Senhor" (Lc 4,18-19). Após a leitura do texto de Isaías 61,1-2, Jesus arremata:

"hoje se cumpriu aos vossos ouvidos esta passagem da Escritura" (Lc 4,21). Hoje é o tempo da salvação. No momento que o malfeitor arrependido na cruz suplica, Jesus lhe diz "hoje estarás comigo no paraíso" (Lc 23,43). O malfeitor está no paraíso a partir do momento da conversão, do "hoje", porém, a promessa é também futura "estarás". A salvação futura está presente. A Zaqueu que abriu a sua casa e seu coração, Jesus diz: "hoje a salvação entrou nesta casa" (Lc 19,9). Nas parábolas de Jesus, os Evangelhos relatam que o Reino está presente na história: o Reino anunciado cresce (Mc 4; Mt 13). É como a semente lançada na terra, o fermento que faz crescer a massa, o grão de mostarda que se transforma em árvore frondosa. Na parábola do trigo e do joio, aparece a dimensão futura da colheita, quando o trigo estiver maduro. Então acontece também o juízo de Deus. Ele vai separar o trigo do joio. Recolher o trigo nos celeiros e queimar o joio no fogo (Mt 13,24-30). Na interpretação alegórica, a colheita é o fim do mundo e os ceifeiros são os anjos (Mt 13,39).

Mesmo que os Evangelhos usem a linguagem de destruição do mal, com a linguagem apocalíptica (Mc 13), o conceito de escatologia cristã não visa ao fim como destruição. As desgraças, como a destruição de Jerusalém, são sinais que antecedem o fim, para depois marcar um novo começo na liberdade. Paulo dirá diante da pressa dos tessalonicenses pela parusia: "virá primeiro a apostasia, o homem ímpio" (2Ts 1,3). No fim o Senhor suprimirá a maldade com o sopro de sua boca (2Ts 2,8). A consumação do Reino é fim, plenitude, libertação. Esta dimensão escatológica do Reino futuro inclui paz, justiça, reconciliação, fraternidade. Será um mundo transformado, o novo céu e nova terra (Is 65,17; 66,22; Ap 21,1), onde não haverá nem dor, nem luto, nem morte. Ele fará novas todas as coisas (Ap 21,5). Enquanto estamos nesse mundo, vivemos na esperança e na tensão constante entre o que se realiza e o que virá.

O Reino futuro já acontece nas transformações da história na construção da justiça e paz. Ele só chegará à consumação quando todos as forças do mal forem vencidas, quando todas as coisas forem submetidas a Cristo, Senhor da história. Então, o próprio Filho se submeterá ao Pai, para que Deus seja tudo em todos (1Cor 15,28). Com razão, Bultmann define a escatologia como doutrina das últimas coisas e mais precisamente dos acontecimentos pelos quais o mundo conhecido chega a seu fim. Portanto, trata-se de uma espécie de profecia que serve para anunciar, com um estilo convencional apocalíptico, os acontecimentos relativos ao fim dos tempos (apud GHINI, 1980, p. 72).

A PARUSIA: VINDA DO SENHOR

O termo "parusia" tem basicamente dois significados: "estar presente, tornar-se presente", isto é, "chegar, vir". Nem os livros do Antigo Testamento escritos em grego nem a tradução da Setenta registram um uso técnico de parusia. Por outro lado, a fórmula vinda do contexto judaico, "Dia do Senhor", é utilizada como correspondendo à parusia. Eis alguns textos sobre o Dia do Senhor (1Ts 5,2; 2Ts 2,2; 1Cor 5,5) (DE LA PENA, 2000, p. 124-126). Traduzido geralmente como vinda, o vocábulo aparece 24 vezes no Novo Testamento, das quais 14 vezes em Paulo. Nas 6 vezes em que aparece nas Cartas aos Tessalonicenses se refere à vinda do

Senhor (1Ts 2,19; 3,13; 4,15; 5,23; 2Ts 2,1; 2,8). Em 2 Tessalonicenses 2,9 indica a vinda do homem ímpio e o que vai acontecer antes da vinda gloriosa do Senhor. Porém, Paulo já havia afirmado que o homem ímpio, assinalado pela atividade de Satanás e toda espécie de mentira, será suprimido pelo Senhor na manifestação da sua vinda (2Ts 2,8). Nesse sentido, a vinda do Senhor será juízo de condenação para aqueles que "não creram na verdade mas consentiram na injustiça" (2Ts 2,12). O Senhor será vitorioso no final da história, até lá a comunidade dos tessalonicenses deve resistir em meio a tribulações e sofrimentos, com trabalho e vida digna.

DO MUNDO GREGO PARA O CONTEXTO DE PAULO

No período grego o vocábulo "parusia" assume um sentido político, significando a chegada festiva e solene do rei, dos imperadores e magistrados que vinham e tomavam posse da cidade. Nessa entrada solene era comum o imperador distribuir presentes, isentar certas taxas, moedas comemorativas eram cunhadas, alguns impostos eram suspensos. Por isso, também essas autoridades eram aclamadas (cf. GHINI, 1980, p. 73). Cerfaux lembra a entrada festiva do Imperador Tito em Antioquia, na guerra judaica de Josefo: "Quando os habitantes de Antioquia souberam que Tito se aproximava da cidade, de tanta alegria não podiam ficar dentro dos muros, mas se precipitaram ao seu encontro e avançaram mais de trinta estádios" (apud CERFAUX (I), 2012, p. 41). A descrição de Paulo da ressurreição em 1 Tessalonicenses 4,14-18 mostra que o apóstolo apresenta a parusia de Cristo de forma semelhante à entrada festiva do imperador no mundo grego. O mesmo acontece em 1 Tessalonicenses 2,19: Paulo fala que os cristãos são a alegria, a coroa da glória diante do Senhor, por ocasião de sua vinda. A parusia tem também um fundo hebraico, devido ao fato de Paulo usar a expressão "no Dia do Senhor". Esse dia era esperado como dia da Salvação, pois o Senhor vem para salvar. No entanto, por causa das injustiças e do rompimento da aliança, o dia esperado passou a ser o dia da ira do Senhor. A vinda passou a ser julgamento e condenação para os ímpios.

PARUSIA NO CONTEXTO DE SOFRIMENTO

A comunidade cristã sabia que era participante pelas tribulações e sofrimentos do próprio sofrimento de Cristo. Passar por tribulações, lutar para superá-las faz parte da caminhada que precede a parusia. Na linguagem apocalíptica de Paulo, os perseguidos hão de salvar-se, enquanto os perseguidores serão condenados (2Ts 1,4-6). A certeza da esperança produzida em meio a tribulações se funda em motivos escatológicos: Cristo passou pelas tribulações dos tempos messiânicos para chegar à glória, e os cristãos seguem esse caminho (1Ts 1,3; Rm 5,3.5). No contexto das tribulações (*thlipseis*, *pathemata*) dos cristãos em comunhão com Jesus, morto e ressuscitado, brota a esperança na certeza da ressurreição (2Cor 4,14). "Quem perseverar até o fim será salvo" (Mc 13,13). O tema da esperança na glória se amplia em Romanos 8,18: "Penso que os sofrimentos do tempo presente não têm proporção com a glória que deverá revelar-se em nós". Esta glória revelada em nós é a glória em nossos corpos ressuscitados na parusia, quando a glória de Cristo (do Senhor da glória, 1Cor 2,8) se manifestar em nossos corpos mortais. Também toda a criação nos foi associada e "anseia ser libertada da escravidão da corrupção para entrar na liberdade da glória dos filhos de Deus" (Rm 8,21) (cf. CERFAUX, (I), 2012, p. 58).

VIDA ETERNA, JUÍZO, CASTIGO ETERNO

No Antigo Testamento não há perspectiva de vida futura além da morte. O salmista, na iminência da morte, reza a Deus: "Que ganhas com minha descida à cova? Acaso te louva o pó e anuncia a tua verdade?" (Sl 30,10). E Ezequias, doente, também rezava: "Não é o Xeol que te louva, nem a morte que te glorifica" (Is 38,18); "Os vivos, só os vivos que te louvam, como eu faço hoje" (Is 38,19). Segundo Belini (2015, p. 124), "para a Bíblia a vida é a soma de todos os bens, sendo assim a morte era soma de toda desgraça". A morte era simplesmente fim de tudo e volta ao pó, de onde o ser humano saiu (Gn 3,19). O estado de morte é descrito em geral como uma situação de silêncio" (Sl 31,18; 94,17; 115,17) e esquecimento (Sl 88,13; Ecl 9,5-6). Vida longa, riqueza, família numerosa para perpetuar o nome, saúde, eram bens considerados prêmios para o justo nessa vida. O eterno (*leholam*) significa para sempre durante esta vida presente. Por isso diz o Eclesiastes: "Tudo o que você puder fazer, faça-o enquanto tem forças, porque no mundo dos mortos, para onde você vai, não existe ação, nem pensamento, nem ciência, nem sabedoria" (Ecl 9,10).

Somente no período do Judaísmo tardio no livro de Daniel aparece a promessa da ressurreição e vida eterna "Muitos dos que dormem no pó, acordarão, uns para a vida eterna e outros para o opróbrio, para o horror eterno" (Dn 12,2). Também no segundo livro dos Macabeus a doutrina da ressurreição está presente (2Mc 7,11.23; 12,44) (CERFAUX, (II), 2012, p. 186). A corrente farisaica será propagadora da doutrina da ressurreição do corpo. Os gregos não acreditavam numa ressurreição corporal que colocaria a alma no seu túmulo. O corpo era considerado prisão da alma e a morte era uma libertação (cf. ibid., p. 189).

O livro da Sabedoria, escrito em grego, fala que os justos "aos olhos humanos parecem cumprir uma pena, mas sua esperança estava cheia de imortalidade" (Sb 3,4). Segundo Belini (2015, p. 130), no livro da Sabedoria "imortalidade e incorruptibilidade são dois termos quase sinônimos, desconhecidos na Bíblia hebraica: "A justiça é imortal" (Sb 1,15); "Deus criou o homem para ser incorruptível (Sb 2,23); os justos "esperavam a imortalidade" (Sb 3,4). Para Ruiz de la Pena, estes textos nada têm a ver com a imortalidade da alma, como foi desenvolvido pela cultura grega. No livro da Sabedoria a imortalidade não está relacionada ao poder intrínseco da própria alma, mas sim fundamentada na relação com Deus, na justiça, e na sabedoria que guiam esta relação. Belini (2015, p. 130-131) continua comentando o livro da Sabedoria: "O autor do livro da Sabedoria fala da morte do injusto com o termo *thanatos*, aquilo que lhe aguarda após a morte é uma existência trágica, descrita longamente (Sb 4,18–5,23). Do justo ele afirma que o fim é um "ser transladado", "transferido", ou mesmo "arrebatado por Deus" (Sb 4,10-11), e não se refere explicitamente à imortalidade da alma enquanto elemento destacado do corpo carnal, como é próprio da filosofia platônica. Trata-se da "vida do justo que está nas mãos de Deus" (Sb 3,1).

No ensinamento de Jesus há textos que falam da acolhida dos justos junto a Deus: "Eles brilharão como o sol no Reino do seu Pai" (Mt 13,43). Aos que praticarem boas obras, ele dirá: "Vinde, benditos, no Reino do Pai" (Mt 25), enquanto os maus "Ide para o fogo eterno". Fala explicitamente do juízo e castigo eterno: "Lá haverá choro e ranger de dentes, quando virdes Abraão, Isaac, Jacó e todos os profetas no Reino de Deus, e vós, porém, lançados fora. Eles virão do Oriente e do Ocidente, do Norte e do Sul, e tomarão lugar à mesa no Reino de Deus" (Lc 13,28-30, Mt 8,11).

Ainda mais ilustrativo do juízo é a parábola do rico e do pobre Lázaro. O rico que não se aproximou do pobre durante a vida, morre, vai para o Hades, onde é submetido à tortura e ao suplício (Lc 16,23-24), enquanto o pobre Lázaro, que sofreu miséria durante a vida, "foi levado pelos anjos ao seio de Abraão" (Lc 16,23-23). O texto de Mateus 25,31-46 é o mais claro sobre o juízo. Todos serão julgados conforme as obras de misericórdia (dar alimento aos famintos, dar de beber a quem tem sede, vestir os nus, visitar os doentes e presos, acolher o peregrino). Aos justos que fizeram boas obras, o Filho do Homem dirá: "Vinde, benditos de meu Pai, recebei por herança o Reino" (Mt 25,34). Aos que estiverem a sua esquerda, os malvados que nada fizeram de bem: "Apartai-vos de mim malditos para o fogo eterno" (Mt 25,41). Em todos esses textos, a recompensa é a participação do Reino ("na mesa do Reino de Deus", "no seio de Abraão"), da bem-aventurança ("vinde, benditos"), da vida com Deus ("vida eterna"). O castigo dos malvados é exclusão do Reino ("lançados fora"), sofrimento ("choro e ranger de dentes"), tortura ("castigo eterno") (cf. GOURGUES, 1986, p. 9-10).

Em Paulo também o julgamento é claro: "Deus retribuirá a cada um segundo suas obras" (Rm 2,6; Sl 62,13). "Todos os que pecaram sem lei, sem lei serão julgados, os que pecaram sob a lei, serão julgados pela lei" (Rm 2,12). Paulo assim falava do julgamento diante de Deus de todos os pecadores, sejam os que conhecem a lei, os judeus, como aqueles que não conhecem a lei, os pagãos. Estes são julgados porque não reconheceram Deus na obra da criação, e não seguiram a reta consciência. Depois de falar do juízo, fala da "justiça de Deus que opera pela fé em Jesus Cristo, em favor de todos os que creem, porque todos pecaram e estão privados da glória de Deus" (Rm 3,23). "O justo viverá da fé" (Rm 1,17), da fidelidade de Deus. Por causa de sua fé, fará as obras de Deus.

RESSURREIÇÃO DE CRISTO E RESSURREIÇÃO DO CORPO

A fé na ressurreição é base fundamental para acreditar na ressurreição dos corpos: Eis o anúncio mais antigo que Paulo recebeu: "Cristo morreu por nossos pecados, segundo as Escrituras, foi sepultado e ressuscitou ao terceiro dia, segundo as Escrituras, apareceu a Cefas e depois aos doze" (1Cor 15,3-5). "A ressurreição exaltou Jesus e colocou-o à direita de Deus revestido de sua glória, e tudo isto em função da parusia, à qual a ressurreição logicamente se ordena" (CERFAUX, (I), 2012, p. 65). A ressurreição de Cristo é a primeira, na ordem da dignidade. Cristo é o "primogênito dentre os mortos", que ressuscitou. "Nascido, segundo a carne da estirpe de Davi, e constituído Filho de Deus mediante a ressurreição dos mortos" (Rm 1,3). Cerfaux destaca também que a ressurreição de Cristo é a primeira na ordem da causalidade (ibid., p. 69): "Deus que ressuscitou o Senhor também ressuscitará a nós pelo seu poder" (1Cor 6,14). Este corpo de Cristo ressuscitado é espírito vivificante, é celeste, protótipo de todos os outros corpos que ao ressuscitar serão celestes, à sua imagem" (ibid., p. 71). A ressurreição, seguida da glorificação, introduz no céu a Cristo, primeiro para ser juiz e salvador (1Ts 1,10). Em 1 Coríntios 15,20-22, depois de ter afirmado que Cristo é o primeiro dos ressuscitados, o apóstolo continua: "visto que a morte veio por um homem, também por um homem vem a ressurreição dos mortos. Pois assim como todos morrem em Adão, em Cristo todos reaverão a vida". Nesse contexto, a volta à vida significa ressurreição final (ibid., p. 74).

Em 1 Tessalonicenses 4,13-18, Paulo afirmava que os corpos depostos no túmulo seriam reanimados, e junto com os vivos seriam arrebatados nas nuvens para o encontro com o Senhor. Seria a ressurreição corporal propriamente uma reanimação do cadáver. O que importa aqui não é a forma da ressurreição, mas o fato de ser a ressurreição de Cristo fundamento para que os mortos participem da parusia ao encontro do Senhor. "Os que morreram em Jesus" (1Ts 4,14) e os vivos "que estiverem lá" (1Ts 4,17) irão ao encontro de Jesus. Isso é explicado com uma linguagem apocalíptica (voz do anjo, som de trombeta, descida do Senhor do céu).

Em 1 Coríntios 15,42-44, Paulo esclarece a ressurreição não entendida como reanimação de cadáver, mas ressurreição com um corpo espiritual, transformado, incorruptível, não mais sujeito às limitações da matéria.

Para os gregos havia dificuldade de entender o que é "corpo espiritual". Para eles, o espírito é imaterial, não tem corpo. Criaram um dualismo que opõe o espírito e a matéria. Para Paulo, o espírito é uma qualidade fundamental de Deus. O "homem espiritual" é aquele que tem contato com Deus graças a sua participação no seu Espírito (cf. id., (II), 2012, p. 190-191). Nesse sentido, quem vive segundo o Evangelho é convertido, torna-se "homem espiritual", pois vive segundo o Espírito. Toda a sua vida é direcionada para Deus, ele já vive a vida nova de Cristo Ressuscitado. Na morte se dá o encontro definitivo com o Senhor. "Em Cristo todos receberão a vida" (1Cor 15,22), essa é uma verdade de fé, fundada em Cristo, que veio salvar toda a humanidade.

Paulo não tem intensão de fixar o tempo e o momento da parusia. No entanto, a união com Cristo na sua morte e ressurreição significa que a existência cristã, para os vivos, pode ser descrita como "levar uma vida nova" (Rm 6,4; cf. 8,13; 2Cor 5,15; Gl 4,24), a vida de ressuscitados com Cristo (Cl 3,1) (cf. HAWTHORNE et alii, 2008, p. 1075).

CONCLUSÃO

Diante das dúvidas que pairam sobre os textos relativos à escatologia e à ressurreição final, a chave interpretativa é a ressurreição de Cristo. Transcreveremos a seguir alguns recortes esclarecedores sobre a escatologia do mundo, tirados da obra de Moltmann.

"A recriação escatológica de todas as coisas se orienta pela ressurreição do Cristo crucificado. Perguntas escatológicas recebem resposta cristológica, porque esta pode ser dada com certeza." *Mais adiante ele diz*: "Foi o corpo crucificado que pela ressurreição se tornou o 'corpo transfigurado'" (Fl 3,21). "De sua forma de servo, Deus exaltou o crucificado, a sua forma divina" (Fl 2,5-11). *Com ele começa a recriação de todas as coisas.* "A recriação escatológica de todas as coisas diz respeito às pessoas no processo de transformação final dos tempos (1Cor 15,52), no qual, segundo Paulo, "o corruptível se tornou incorruptível", e o mortal "imortal", porque a morte é "destruída" (1Cor 15,26) e tragada na vitória da vida (1Cor 15,54). "O momento escatológico alcança os vivos e os mortos, do último ao primeiro homem. A identidade das criaturas se conserva, sua forma de vida de mortalidade se transforma na forma de vida de imortalidade. Segundo o Apocalipse 21,5, Deus prometeu: "Eis que eu faço novas todas as coisas". Não se promete uma outra criação, mas a recriação de tudo o que já foi criado. Não se pode esperar um outro mundo, mas se deve esperar a transformação fundamental do mundo existente (MOLTMANN, 2007, p. 73-74, grifos nossos).

Esta chave de leitura lança luzes, pois é fundada em 1 Coríntios 15, um texto de maior conteúdo e clareza, pois preenche as lacunas teológicas sobre a parusia e a ressurreição nas Cartas aos Tessalonicenses.

BIBLIOGRAFIA

BARBAGLIO, Giuseppe. *As cartas de Paulo I*. São Paulo: Loyola, 1989.

BELINI, Luiz Antonio. *A morte é o fim do homem inteiro, mas não inteiramente*. São Leopoldo: Editora Oikos, 2015.

CERFAUX, Lucien. *(I) Cristo na Teologia de Paulo*. Santo André/São Paulo, Academia Cristã/Paulus, 2012.

_____. *(II) O cristão na Teologia de Paulo*. Santo André/São Paulo, Academia Cristã/Paulus, 2012.

DE LA PENA, Juan L. Ruiz. *La pascua de la creación*. Escatologia. Madrid: Biblioteca de Autores Cristianos (BAC), 2000. (Serie Manuales de Teologia.)

GHINI, Emanuela. *Lettere di Paolo ai Tessalonicesi. Commento Pastorale*. Bologna: EDB – Edizioni Dehoniane, 1980.

GOURGUES, Michel. *A vida futura segundo o Novo Testamento*. São Paulo: Paulinas,1986. (Cadernos Bíblicos, 43.)

HAWTHORNE, F. Gerald; MARTIN, P. Ralph; REID, G. Daniel (org.). *Dicionário de Paulo e suas Cartas*. São Paulo: Edições Vida Nova/Paulus/Loyola, 2008.

MOLTMANN, Jurgen. *Ciência e sabedoria. Um diálogo entre ciência natural e teologia*. São Paulo: Loyola, 2007.

CAPÍTULO 10
1 TESSALONICENSES 5,12-28

ORIENTAÇÕES PARA A VIDA COMUNITÁRIA

Alfredo Rafael Belinato Barreto[1]

Conforme pudemos perceber nos capítulos anteriores, a Primeira Carta aos Tessalonicenses surge como o escrito fundante do Novo Testamento (cf. MORESCHINI; NORELLI, 2005, p. 17). Trata-se do primeiro escrito paulino, endereçado aos cristãos de Tessalônica, evangelizados por ocasião da segunda viagem apostólica, de acordo com a descrição oferecida pelos Atos dos Apóstolos (cf. 17,1-17). A finalidade do escrito é pastoral, objetivando a edificação da comunidade, a exortação à perseverança na fé abraçada num contexto de hostilidade e, por fim, a palavra do apóstolo acerca do destino dos mortos e sua relação com o tema do "Dia do Senhor".

---

[1] Alfredo Rafael Belinato Barreto é presbítero da Diocese de Campo Mourão – PR, doutorando em Teologia pela PUCPR – *campus* Curitiba – PR. Professor no curso de Teologia da PUCPR – *campus* Londrina – PR. Possui pesquisa concentrada na área de Antiguidade cristã, com livros e artigos publicados.

No decorrer da carta, os diversos temas são alinhavados pela marca conatural ao Cristianismo dos primeiros tempos, isto é, a insistência sobre o testemunho a ser dado como sinal de constância comunitária. Aliás, a alargada fronteira entre Cristianismo e Paganismo exigia dos cristãos sustentar sua posição religiosa em meio a severas dificuldades (cf. FOX, 1986, p. 449). Com efeito, o epistolário contido no Novo Testamento e os escritos de edificação mútua que lhe seguiram, dão prova de quão diferentes os cristãos eram considerados pela sociedade mediterrânea religiosamente constituída por inúmeros cultos de matiz oriental, para além da religião romana oficial.

Ao revelar o que imediatamente se seguiu ao período apostólico, os textos elaborados pelos padres apostólicos (Clemente Romano, Inácio de Antioquia, Policarpo de Esmirna, Didaqué, Carta a Diogneto) sublinham a consolidação daquilo que no Novo Testamento é tratado de forma embrionária. Com frequência, os temas contidos nos documentos do Novo Testamento são desenvolvidos à medida que o conjunto da teologia progride. Assim sendo, em nosso caso, a compreensão da Primeira Carta aos Tessalonicenses exige ser ela situada no contexto mais alargado do pensamento cristão do séc. I. Faz-se, portanto, imperioso relê-la contextualizando-a. Por isso, o primeiro capítulo deste livro abordou precisamente a vida comunitária em Tessalônica e o ideal cristão de resistência ao império.

Convém, agora, situar o capítulo 5 no conjunto da carta, buscando interpretar seu conteúdo em sintonia com o contexto no qual surgiu. Para além de leitura puramente historicista, pretendemos indicar orientações em chave atualizadora com vistas a salvaguardar a perene validade do texto às indagações do tempo presente.

ESTRUTURA DE 1 TESSALONICENSES 5

Em matéria de estrutura interna, o capítulo 5 da carta possui duas partes distintas. A primeira delas, 1 Tessalonicenses 5,1-11, completa o discurso iniciado em 4,13-18, sobre a relação entre os mortos e o Dia do Senhor. A recorrência desse tema no primeiro escrito do Novo Testamento nos informa a postura da comunidade ante a morte de alguns de seus membros (cf. MORESCHINI; NORELLI, 2005, p. 17). Majoritariamente composta por indivíduos provindos do Paganismo, é patente crer que a proximidade destes com o Judaísmo na qualidade de "tementes a Deus", simpatizantes da fé abraâmica, colocou-os num impasse com relação ao destino dos crentes após a morte.

Tal indagação não é originalidade do Cristianismo, encontra-se já na filosofia e religião mitológica grega; exerceu forte influência sobre o imaginário e a arte das religiões mistéricas de matriz oriental; foi gradualmente maturada no Antigo Testamento no decorrer dos séculos (cf. BAYET, 1969, p. 72). Nesse sentido, a resposta de Paulo aos cristãos de Tessalônica faz ver a recepção do tema em terreno cristão. Neste caso, a problemática vincula-se a outro tema não menos espinhoso para o Cristianismo da primeira hora, a parusia imediata (cf. KREITZER, 2008, p. 467).

Neste caso a problemática vem imposta ao apóstolo por uma concreta preocupação dos destinatários da carta que, vivendo à espera da parusia iminente, a hora do triunfo e da salvação consumada, temem que seus irmãos mortos, por não alcançarem historicamente este acontecimento, fiquem fora do beneplácito salvífico de Cristo (cf. DE LA PEÑA, 1996, p. 151). Intentando responder em chave cristã a questão, Paulo raciocina em sentido reconhecidamente cristocêntrico. A transição do capítulo 4 para o 5 em 1 Tessalonicenses coloca Cristo no centro de toda a especulação teológica.

A resolução decisiva consiste em afirmar o alcance supratemporal da salvação plenificada na parusia, o "Dia do Senhor". Os mortos em Cristo ressuscitarão primeiro (1Ts 4,16); em seguida os vivos serão arrebatados (1Ts 4,17). O esforço da linguagem é para afirmar o alcance universal e supratemporal do acontecimento. Todos, vivos e mortos, estarão presentes ao fato consumatório da história. Em seguida, ao abrir o capítulo 5, Paulo desconstrói a ilusão da parusia imediata. Escreve: "No tocante ao tempo e ao prazo, meus irmãos, é escusado escrever-vos, porque vós sabeis, perfeitamente, que o Dia do Senhor virá como um ladrão noturno" (1Ts 5,1). Esta tipologia argumentativa concorda com a linguagem de Jesus sobre a vinda do Filho do Homem. Paulo, amparado na tradição oral com respeito a Jesus, emprega o que depois os evangelistas haveriam de conservar nos Evangelhos canônicos (cf. Mt 24; Lc 17,22-36).

Após os onze primeiros versículos relativos ao tema dos mortos, da ressurreição e do Dia do Senhor, o capítulo 5 traz duas outras seções importantes. A primeira delas, 5,12-22, consiste em orientações sobre a conduta cristã. O conteúdo profético dos versículos imediatamente procedentes configura os versículos 12-22 como exortação à vivência cristã à guisa de resposta à esperança escatológica que anima a comunidade. Os que esperam o Senhor precisam viver conforme o bem esperado. Daí a insistência paulina ao exortar para o que contribui em prol da edificação mútua.

Os versículos 23-28, conclusão da carta, apresentam-se como súplica a Deus em favor dos destinatários. O detalhe está no versículo 27, mediante o qual é inserido o pedido de leitura da carta entre os irmãos de Tessalônica. Entende-se, por analogia, que a leitura deveria ser feita durante as assembleias litúrgicas, fator que contribuiu para o princípio da composição do bloco de escritos paulinos (cf. FABRIS, 2008, p. 324).

À guisa de esquema, podemos dividir o capítulo 5 de 1 Tessalonicenses da seguinte maneira:

- 1 Tessalonicenses 5,1-11: sequência do discurso exortativo iniciado em 4,13 sobre o lugar dos mortos no dia do Senhor. Aqui a argumentação versa sobre o caráter inesperado da parusia e a atitude cristã que a essa realidade deve se seguir.
- 1 Tessalonicenses 5,12-22: exortação sobre a vida intracomunitária e a mútua edificação.
- 1 Tessalonicenses 5,23-28: prece de despedida e pedido para que a carta seja lida para todos os irmãos.
- 1 Tessalonicenses 5,12-22: diretrizes para a vida comunitária.

Cabe-nos neste capítulo analisar e comentar os versículos 12-28. Observando a divisão apresentada, comecemos pela perícope 5,12-22. A linguagem destes versículos concorda com a tendência literária do Cristianismo antigo, conhecida como "edificação mútua". Em momentos de perseguição, arrefecimento do fervor religioso e deserção, textos desta natureza surgiram como vetor de esperança e via para salvaguardar a coesão do grupo em perspectiva de resistência à hostilidade externa ou crises de ordem interna (cf. DUCHESNE, 1923, p. 148).

Os Atos dos Apóstolos, escritos na década de 80 do séc. I são uma amostra do esforço cristão por reafirmar-se em momento de decréscimo no fervor religioso do grupo crente (cf. DORMEYER; GALINDO, 2007, p. 16). No séc. II tal perspectiva tem seus maiores representantes nos escritos já citados de Clemente Romano, Inácio de Antioquia, Policarpo de Esmirna, bem como nos textos de autoria desconhecida, como a Didaqué e a Carta a Diogneto.

Em linha de preconização daquilo que se tornaria estratégia literária e pastoral nos séculos seguintes, a 1 Tessalonicenses 5,12-22 quer animar a comunidade destinatária. Vejamos, através dos textos, os níveis da exortação dirigida por Paulo aos cristãos de Tessalônica.

- 1 Tessalonicenses 5,12-13: "Nós vos rogamos, irmãos, que tenhais consideração por aqueles que se afadigam no meio de vós, e velam por vós no Senhor. Tende para com eles amor especial, por causa do seu trabalho. Vivei em paz uns com os outros". O pano de fundo da exortação parece ser a organização comunitária. Paulo escreve no início dos anos 50 do séc. I. Informações precisas sobre organização institucional das comunidades aparecem em textos posteriores. Citem-se, por exemplo, as cartas pastorais (cartas a Timóteo e a Tito) e as cartas de Inácio de Antioquia à comunidade de Esmirna (8,1-2) e à comunidade de Trales (2-5).

A distância entre a 1 Tessalonicenses e os documentos situados entre o fim do I séc. e início do II nos faz intuir um dado importante acerca da vida interna da comunidade cristã. Paulo menciona aqueles que se afadigam e velam pelos crentes no Senhor. Isto é, o grupo de fiéis, salvaguardada a unidade da fé, se autocompreendia na diversidade dos ministérios e carismas, conforme pormenorizado por Paulo mesmo na Primeira Carta aos Coríntios (13–14).

Trata-se, naturalmente, dos chefes das comunidades (*domus ecclesiae* – Igreja doméstica) que se reuniam em determinado lugar de culto doméstico (cf. HAIGHT, 2012, p. 101). Paulo mesmo deixa entrever isso na conclusão de algumas de suas cartas. Em Romanos 16,19 se lê: "Saúdam-vos as igrejas da Ásia. Enviam-vos efusivas saudações no Senhor Áquila e Priscila, com a igreja que se reúne na casa deles". Informação similar aparece em Colossenses 4,15. No entender paulino em 1 Tessalonicenses 5,13, o amor para com tais personagens é devido ao trabalho que lhes cabe. A evangelização, portanto, foi vista nos primeiros dias do Cristianismo como *opus bonum*, isto é boa obra – bom trabalho. Acerca do direito a sustento material garantido pelo múnus apostólico-missionário, Paulo oferece orientações mais de uma vez (1Cor 9,12-14; 2Cor 11,7-8; Fl 4,15). Aqui em 1 Tessalonicenses 5,13 a evocação recai sobre o dever do reconhecimento para com aqueles que mantinham a coesão comunitária, através da manutenção da fé e de tudo o mais que a fé agregava.

Por fim, aparece o apelo comum à literatura de edificação mútua: "vivei em paz com todos" (1Ts 5,13b). O ambiente vital desta premissa é a *koinonia* (comunhão), tão cara à Igreja das origens. Mais tarde, nos anos 80 do séc. I, Lucas haveria de elaborar consistente teologia da comunhão nos sumários maiores dos Atos dos Apóstolos (At 2,42-47; 4-32-35; 5,12-16). Neles os cristãos de Jerusalém são descritos como perseverantes no ensinamento dos apóstolos, na fração do pão e nas orações (At 2,42). Entre eles não haviam necessitados, pois tinham tudo em comum (At 2,44; 4,32.34). Gozavam da simpatia do povo (At 2,47; 4,33; 5,13).

Na Carta de Clemente Romano aos coríntios, escrita por volta do ano 97, ecoa a teologia da comunhão pautada no anúncio da paz desejada como condição indispensável à sustentação da identidade comunitária cristã. Paulo conclama os tessalonicenses à paz no sentido cristológico dado pela Carta aos Efésios (2,14-15). Cristo é a paz e quem estabelece a paz. Assim sendo, o convite redunda no viver em Cristo, outro tema-chave da literatura paulina.

No caso de Efésios, e por analogia também em 1 Tessalonicenses, o apelo à paz vem revestido de caráter contestatório. A *pax Christi* faz frente à *pax romana*, paz estabelecida pelo império e mantida a custo de pesado belicismo. Os cristãos se autocompreendiam como minoria ativa no contexto massivo da cultura circundante. A exortação à vivência da paz introduz os versículos seguintes.

- 1 Tessalonicenses 14,15: "Exortamo-vos, irmãos: admoestai os indisciplinados; reconfortai os pusilânimes, sustentai os fracos; sede pacientes para com todos. Vede que ninguém retribua o mal com o mal; procurai sempre o bem uns dos outros e de todos". O tom destes versículos é disciplinar. Admoestar os indisciplinados revela que na comunidade de Tessalônica a conversão não se dava de forma linear, em ascensão absoluta e ininterrupta. Uma leitura romantizada do Cristianismo primitivo corre o risco de dissimilar a realidade concreta do grupo crente. Eram tempos de transição e, por isso, de provação. As comunidades em formação, privadas de literatura cristã elaborada e de dogmática já fixada, estavam à mercê de problemas de diversas ordens.

Em âmbito disciplinar isso foi ainda mais sentido, dada a radicalidade imposta pela conversão. Nem sempre foi fácil para um pagão convertido assumir integralmente o modo cristão de viver (cf. 1Cor 11,2-17; 5–6). Tal realidade mostrou-se tão candente nos primórdios, a ponto de ser recordada pelos Evangelhos de Lucas e Mateus, escritos no entorno dos anos 80 e 90 respectivamente (Mt 18,15-18; Lc 17,3). Imediatamente após a ordem relativa aos indisciplinados, surge a recomendação em favor dos fracos, pusilânimes. Mais tarde, em 1Cor 8,7-12, Paulo enfatizaria o dever de cuidado para com os fracos. Neste caso a orientação do apóstolo tem a ver com a ingestão de carnes consideradas impuras pelos judeus e por cristãos de origem judaica.

Aqui em 1 Tessalonicenses 5,14 reconfortar os pusilânimes, sustentar os fracos e ser paciente para com todos emergem como tríade destinada a guiar as relações intracomunitárias. Nos decênios sucessivos à redação de 1 Tessalonicenses, a necessidade de mútua sustentação na fé e na prática que a fé impõe, tornar-se-ia imperativo fundamental à sobrevivência mesma das comunidades. Por ocasião das perseguições movidas contra os cristãos pela autoridade imperial, a mútua sustentação impôs-se como fator determinante à reação cristão perante o terror do martírio.

Segue a ordem de que ninguém retribua o mal com o mal. Alusão velada à *Lex talionis* (Lei do talião), legitimação da rigorosa reciprocidade entre crime e pena. Paulo quer descontruir o modelo legal vigente através de nova proposta moral. À desautorização da justiça medida personificada pela Lei do talião, o Cristianismo insuflou a ênfase no amor fraterno. Em 1 Coríntios 13, Paulo tematiza a caridade cristã de modo surpreendente. O Evangelho joanino guarda a lembrança do mandamento novo promulgado pelo Senhor (Jo 13,34-35).

Desta nova ênfase ostentada pelo Cristianismo vem a antropologia também nova, fulcrada no reconhecimento da dignidade humana (DESTRO; PESCE, 1995, p. 36). Por isso o v. 14 conclui motivando a busca do bem uns dos outros e de todos. A busca do bem universal distingue-se como um dos aspectos pelos quais mais apreço se deu na antiguidade cristã. Cristo sempre foi Entendido como centro do cosmos (da criação) (cf. Cl 1,15-20). Não apenas a literatura, mas, sobretudo, a arte iconográfica paleocristã atesta esta percepção teológica comum ao Cristianismo tanto ocidental quanto oriental. Se Cristo é o centro do cosmos, os cristãos membros do seu corpo (cf. Cl 1,18) compreenderam-se também como "sustentadores" da ordem temporal (BISCONTI, 2014, p. 540).

Por conseguinte, gestou-se gradualmente no consciente cristão o dever de rezar por todos os povos e fazer o bem indistintamente. Em 1 Timóteo 1–2, temos uma amostra bastante elucidativa desta prática protocristã: "Recomendo, pois, antes de tudo, que se façam pedidos, orações, súplicas e ações de graças por todos os homens, pelos reis e todos os que detêm a autoridade, a fim de que levemos uma vida calma e serena, com toda piedade e dignidade". A oração conclusiva da anteriormente mencionada Carta de Clemente Romano aos coríntios é outro documento a atestar a constância cristã na oração por todos os povos e seus governantes (60,4; 61,1).

- 1 Tessalonicenses 16,18: "Alegrai-vos sempre, orai sem cessar. Por tudo dai graças, pois esta é a vontade de Deus a vosso respeito, em Cristo Jesus". Após dar diretrizes em âmbito disciplinar, Paulo passa a falar em nível teologal. Começa pelo tema da alegria cristã, alegria esta pautada na consciência da realização das promessas messiânicas em Jesus de Nazaré. Das 326 ocorrências das palavras a indicar alegria no Novo Testamento, 131 situam-se nas cartas paulinas (cf. MORRICE, 2008, p. 45). O Evangelho de Lucas e os Atos dos Apóstolos dão conta da importância representada pela alegria nos círculos dos primeiros cristãos. Na literatura lucana a alegria aparece à guisa de reação conatural ao agir de Jesus entre o povo. Os cristãos de Jerusalém tomam o alimento com alegria e simplicidade de coração (At 2,46).

No contexto em que surgiram os escritos neotestamentários, dentre eles a 1 Tessalonicenses, a motivação à alegria fazia-se necessária também como ideal de resistência ao estágio pouco favorável vivido pelas comunidades. A decadência do fervor religioso, aliada à separação entre Igreja e sinagoga, e o início da repressão estatal representaram prova de não pouco valor àqueles destinados a propagar a mensagem cristã e a trabalhar pela coesão das comunidades espalhadas pela bacia mediterrânea.

Vem em seguida o conselho sobre a oração e a necessidade de dar graças. O primeiro exerceu forte influência sobre a espiritualidade cristã. Para além das evidências textuais (Lc 18,1; Rm 1,10; 12,12; Ef 6,18; Fl 1,3-4; 4,6; Cl 1,3; 4,2; 2Ts 1,11; 1Tm 2,8; 5,5; 2Tm 1,3), é eloquente o testemunho da iconografia catacumbal paleocristã. Entre as representações mais recorrentes nos monumentos funerários está a figura do orante. Trata-se da representação do defunto com as mãos alçadas ao céu em atitude de oração (cf. BARUFFA, 1992, p. 37). Desde muito cedo os cristãos compreenderam a oração como um modo de viver, quebrando o formalismo religioso do culto pagão oficial e da religiosidade mistérica em voga quando do advento do Cristianismo.

- 1 Tessalonicenses 5,19-22: "Não extingais o Espírito; não desprezeis as profecias. Discerni tudo e ficai com o que é bom. Guardai-vos de toda espécie de mal". Concluindo a perícope na qual são oferecidas diretrizes para a vida comunitária, Paulo retoma o tema do Espírito. Em 1 Tessalonicenses 4,8, o dom do Espírito aparece como sinal do tempo messiânico. Assim, o livro dos Atos dos Apóstolos também o entendeu conforme podemos intuir a partir da releitura feita por Pedro da profecia de Joel 3,1-5. Segundo Pedro, no dia de Pentecostes, por ocasião do derramamento do Espírito, se cumpriu a profecia de Joel (cf. At 2,14-36). Por outro lado, se o Espírito é dom por excelência, o discernimento do que ele inspira é um dos seus dons. Poderíamos dizer, é "dom do Dom".

À época de Paulo, quando a teologia cristã encontrava-se nos seus rudimentos, a recepção da mensagem por parte dos destinatários era condicionada pelas ambiguidades próprias da fusão cultural. Agrega-se a isso o surgimento dos ditos "falsos profetas" (1Tm 6,2b-10; 2Tm 2,14-26; Tt 1,10-16). Paulo apela à não extinção do Espírito, ao não desprezo das profecias. Tema complexo para o Cristianismo da primeira hora. É enfática a resposta dos discípulos de Corinto à pergunta de Paulo, se haviam recebido o Espírito Santo quando abraçaram a fé. Disseram: "Mas nem ouvimos dizer que haja um Espírito Santo" (At 19,2). Tal ignorância traduz em certa medida um tipo de postura com relação à dimensão pneumática da fé cristã. Consequentemente, esta conduz a problema teológico com incidência prática, pastoral.

Após falar da não extinção do Espírito, Paulo defende as profecias ao dizer: "não desprezeis as profecias" (v. 20). Temos aqui a reação paulina a duas possíveis tendências identificadas na antiguidade cristã. A primeira delas consiste naquilo que cunhou na expressão "escatologia realizada". A novidade do Cristianismo concebida de forma estanque, desvinculada do todo da revelação, promoveu a possibilidade de se conceber a história numa abordagem presentista da realidade (cf. DE LA PEÑA, 1996, p. 134). Assim compreendida a história, não há mesmo espaço para o "ainda não realizado" próprio do discurso profético.

Por outro lado, a apologia da profecia parece fazer frente à pretensa desautorização do Antigo Testamento por grupos sectários de inspiração gnóstica. O mais conhecido entre estes grupos foi aquele liderado por

Marcião, conhecido como marcionismo. Professava que Antigo e Novo Testamentos não tiveram o mesmo Deus por autor. Daí veio o abandono do Antigo, sob a acusação de ter sido obra de um demiurgo mau, radicalmente diverso do Deus amoroso evidente no Novo. A negação do Antigo Testamento redundou na anulação da profecia (cf. DUCHESNE, 1923, p. 183). A 1 Tessalonicenses foi escrita quase 100 anos antes da deserção de Marcião (144). Entretanto, a instigação em favor da profecia permite entrever o esforço da Igreja antiga na busca por consolidação identitária. Resulta, pois, a necessidade de razoabilizar o conteúdo acreditado. Após examinar tudo, reter o que é bom.

Nesta mesma linha pode ser lida o v. 22, "guardai-vos de toda espécie de mal". Paulo viveu no tempo em que apostatar (negar a fé) surgia como o delito mais grave entre todos os males possíveis. O cristão está no mundo, mas ciente de possuir cidadania celeste (cf. Carta a Diogneto, 5), fator que o impõe a tarefa de correr com perseverança no certame que lhe é proposto (cf. Hb 12,1). Aliás, Paulo usa com frequência a metáfora do confronto referindo-se à condição cristã no mundo.

Em matéria de síntese, podemos reiterar a veemente preocupação do apóstolo em fincar a fé dos destinatários em bases suficientemente sólidas. Para além do discurso abstrato acerca de verdades dogmáticas, a reflexão enviesa-se para a esfera prática. Para Paulo, ao *modus credendi* corresponde quase vitalmente o *modus vivendi*. O conteúdo acreditado tem sua autenticidade provada na forma diuturna de viver. Daí o teor exortatório dos versículos analisados até aqui.

1 TESSALONICENSES 5,23-28:
A DESPEDIDA E O PEDIDO

Obedecendo ao princípio formal do gênero epistolar em voga no seu tempo, Paulo encerra a 1 Tessalonicenses com a última oração e a despedida. Neste caso há, porém, algo de particular. Nas palavras finais foi inserido o pedido relativo à propagação da carta.

- 1 Tessalonicenses 5,23: "O Deus da paz vos conceda santidade perfeita; e que o vosso ser inteiro, o espírito, a alma e o corpo sejam guardados de modo irrepreensível para o dia da vinda de nosso Senhor Jesus Cristo". Se em 5,13 a paz aparece como admoestação aos destinatários, em 5,23 é empregada como atributo de Deus. Confirma-se, portanto, o caráter teologal da proposta de vida cristã subjacente à literatura paulina. É voto do apóstolo que os destinatários recebam de Deus a santidade perfeita. Diga-se de passagem: o conceito de santidade no universo semântico-simbólico do Cristianismo antigo diverge da santidade dogmático-canônica definida pelos manuais de teologia. A santidade é entendida em Paulo como responsabilidade espiritual de todos os fiéis. Nela estão implicados o status soteriológico, a perfeição ética e escatológica (cf. PORTER, 2008, p. 1136).

Do entrelaçamento entre soteriologia e teologia do Batismo é oferecida a Paulo a possibilidade de chamar os membros das comunidades, "os santos" (Rm 1,1.7; 8,27; 15,25.26.31; 16,2.15; 1Cor 1,2; 6,1.2; 14,33; 16,1.15; 2Cor 1,1; 8,4; 9,1.12; 13,12; Ef 1,1.4.15.18; 1,19; 3.5.8.18; 4,12;

5,3; 6,18; Fl 1,1; 4,21.22; Cl 1,2.4.12.22.26; 1Ts 3,13; 2Ts 1,10; 1Tm 5,10; Fm 5.7). Tal fato revela que, "aos olhos de Paulo, a santidade é condição e também processo no qual o fiel se envolve pela obra de Deus, de Cristo ou do Espírito Santo" (PORTER, 2008, p. 1136).

Nessa perspectiva segue a expressão de sabor antropológico: "e que o vosso ser inteiro, o espírito, a alma e o corpo sejam guardados de modo irrepreensível para o dia da vinda de nosso Senhor Jesus Cristo". A inexistência de antropologia sistemática na literatura paulina dificulta a compreensão da passagem. A divisão tripartida do homem tem precedentes na filosofia grega, em teóricos como Platão e Aristóteles. Estes, porém, esforçaram-se por dividir a alma humana, onde para eles residia o verdadeiro homem.

Paulo, por sua vez, injeta na dualidade antropológica (alma e corpo) a cunha do espírito. Este pode ser o princípio da vida nova em Cristo (cf. Rm 5,5). Pode ser também a abertura do ser humano para Deus (Rm 1,9) (GEVAERT, 1997, p. 144). Para além das possibilidades de interpretação, resulta candente crer que a tripartição paulina propugna ressaltar a ação santificadora de Deus na totalidade dos seus efeitos. Ou seja, a santificação atinge o homem por inteiro.

A santificação tem em vista a consumação da história, quando da "vinda de nosso Senhor Jesus Cristo". Retorna o tema do Dia do Senhor entendido como o retorno (parusia) de Cristo. O discurso conclusivo quer confirmar aquilo que se disse em 4,13-18 e 5,1-11. A oração a Deus em favor da santificação da comunidade vem oferecer indicação interpretativa sobre a problemática posta pelos tessalonicenses acerca do destino dos mortos e dos vivos quando da volta do Senhor. Paulo explicita que à base desta preocupação deve estar a busca pela santidade, condição impreterível e fundamental para apresentar-se ao Senhor que vem em hora imprevista (1Ts 5,1). Mais tarde a 1 Carta de Pedro pôs em relevo a santidade dos batizados em chave cristológica (cf. 2,9).

- 1 Tessalonicenses 5,24-28: "Quem vos chamou é fiel, e é ele que agirá. Orai por nós, irmãos. Saudai a todos os irmãos com o ósculo santo. Conjuro-vos, no Senhor, que esta carta seja lida a todos os irmãos. A graça de nosso Senhor Jesus Cristo esteja convosco!". Os últimos versículos da carta apresentam três dimensões importantes, concordes com a totalidade do escrito. Começa-se por falar da fidelidade de Deus. A certeza cristã no Deus fiel à promessa é constante teológica que perpassa toda a tradição veterotestamentária, ficando raízes também no consciente eclesial evidente nos textos do Novo Testamento.

À confiança na fidelidade corresponde a esperança na intervenção salvífica de Deus em favor do seu povo. A escatologia dos profetas já havia preconizado essa convicção assumida pela tradição cristã. Assim sendo, a consumação da história haveria de se dar precedida por uma intervenção de Deus (a linguagem mediante a qual tal intervenção se expressa é apocalíptica) e sucedida por seu desejo de salvar e não condenar (cf. DE LA PEÑA, 1996, p. 48).

Após mover a atenção dos destinatários à fidelidade de Deus, o apóstolo traz novamente o foco para as relações intracomunitárias. Diz: "Orai por nós, irmãos. Saudai a todos os irmãos com o ósculo santo". Assim como Deus é fiel, a comunidade é convocada ao exercício da fidelidade para consigo mesma. Oração pelos evangelizadores e o gesto cordial e litúrgico do ósculo santo apregoam o compromisso mútuo de autossustentação. Ou seja, o grupo dos crentes precisa exercitar a comunhão personificada pela metáfora lucana do "eram um só coração e uma só alma" (At 4,32).

A coesão necessária em matéria de fé e fraternidade é asseverada pelo pedido final da carta: "Conjuro-vos, no Senhor, que esta carta seja lida a todos os irmãos". Com estas palavras de Paulo, entramos na logística difusora dos textos cristãos nos primórdios do Cristianismo. Aqui os grupos cristãos, reunidos em pequenas comunidades, tinham vida litúrgica própria. Pelo ano 150 Justino de Roma descreve a modalidade litúrgica em vigor até seu tempo. Afirma serem lidos nas assembleias cristãs os escritos dos profetas (Antigo Testamento) e a memória dos apóstolos (Novo Testamento). Lendo paralelamente 1 Tessalonicenses 5,27 com a indicação de Justino, reconhecemos a primeira alusão à leitura pública de uma carta do apóstolo Paulo. Em Colossenses 4,16, aparece ainda a ordem para que a carta circule por outras comunidades.

É importante destacar que o uso litúrgico nas principais igrejas da antiguidade impôs-se como um dos quatro critérios empregados na fixação do cânon bíblico neotestamentário. A leitura durante as assembleias litúrgicas conferiu ao texto status canônico, isto é, aceitação por parte das comunidades eclesiais. Por fim, 1 Tessalonicenses se encerra com a fórmula de saudação: "a graça de nosso Senhor Jesus Cristo esteja convosco!", retomada da saudação manifesta no endereço do escrito, onde o voto de graça aparece acoplado ao desejo de paz. No cabeçalho, Jesus Cristo é mencionado junto com o Pai. No final, a menção ao Pai não aparece. A ênfase cristológica da saudação conclusiva recapitula assunto recorrente no decorrer do escrito. Corresponde, pois, ao ideal de vida cristã encampado pelos crentes nos primórdios da implantação da nova fé no mundo mediterrâneo.

CONCLUSÃO

Todo texto é expressão de um contexto preciso. Nasce como resposta a situações concretas. Os textos são, portanto, produtos do seu tempo. Considerado o ambiente vital da 1 Tessalonicenses, resulta vigorosa sua atualidade. Com efeito, ao enfrentar a realidade concreta da comunidade de Tessalônica, Paulo lança bases de todo o edifício literário neotestamentário. Considerado o critério cronológico, estamos diante do primeiro documento do Novo Testamento.

Seu caráter fundante lhe garante a qualidade de fonte histórica para o conhecimento do primeiro desenvolvimento do Cristianismo no mundo mediterrâneo. Os temas abordados pelo apóstolo em 1 Tessalonicenses 5,12-28 são de ordem prática. Trazem consigo a solicitude que lhe é própria na gestão das igrejas provenientes do seu labor missionário. A Igreja de Tessalônica é fruto da segunda viagem apostólica.

A situação sócio-histórica, quando da redação da carta, era complexa, pois o desenvolvimento da organização eclesiástica e da teologia cristã deslizava vagarosamente por entre as oscilações do contexto, tendências e idiossincrasias culturais. Passados vinte séculos desde o aparecimento do escrito em causa, o Cristianismo assiste hoje a novos fenômenos que representam situações-limite similares às de outrora.

Assim sendo, os níveis do discurso abordado em 1 Tessalonicenses 5,12-28 merecem ser repropostos à reflexão dos cristãos do séc. XXI. Da perseverança ao diálogo, a perícope analisada enfoca o caráter abrangente da fé cristã como instância reguladora de um modelo social aprazível, sustentável e comprometido com a mensagem de Jesus Cristo.

Os temas de 1 Tessalonicenses 5,12-28 haurem jovialidade também em nosso tempo. O presente subsiste engrenado na "mudança de época" marcada pelas crises e convulsões típicas dos períodos de transição. Quando do seu surgir e estabelecer, o Cristianismo também representou uma "mudança de época". 1 Tessalonicenses nasce como resposta às trepidações surgidas deste processo transicional. Cabe agora à sociedade hodierna, destinatária do escrito fundacional do Novo Testamento, receber seu conteúdo, colocando-o em diálogo com as instâncias plurais de convivência humana e constituição do *ethos* social.

A resposta dada pelo Paganismo à difusão do Evangelho representou o fim de uma era. Assim podemos concluir a partir das periodizações elaboradas pelas disciplinas historiográficas. Tal constatação nos faz pensar com seriedade acerca da resposta a ser dada pelo mundo contemporâneo à mensagem cristã. Concerne aos estudiosos, pela via do método, e ao crente, pela via da razoabilidade da fé, vislumbrarem o caminho do futuro.

BIBLIOGRAFIA

BAYET, Jean. *La religion romaine. Histoire politique et psychologique*. Paris: Payot, 1969.

BARUFFA, Antonio. *Le Catacombe di S. Callisto. Storia, arqueologia, fede*. Roma: Libreria Editrice Vaticana, 1992.

BISCONTI, F. Immagini Cristiane della tarda antichità. In: BISCONTI, Fabrizio; BRANDT, O. Lezione di Archeologia Cristiana. Roma, 2014.

CARTA A DIOGNETO. In: FRANGIOTTI, R. et al. (org.). *Padres apologistas*. São Paulo: Paulus, 2005.

DE LA PEÑA, Juan Luiz Ruiz. *La Pascua de la creación*. Madrid: Biblioteca de Autores Cristianos, 1996.

DESTRO, A.; PESCE, M. *Antropologia dele origini cristiane*. Roma: Laterza, 1995.

DORMEYER, D.; GALINDO, F. *Comentario a los Hechos de los Apóstoles. Modelo de nueva evangelización*. Navarra: Ediciones Verbo Divino, 2007.

DUCHESNE, L. *Histoire ancienne de l'Église*. Tome I. Paris: E. de Boccard Éditeur, 1923.

FOX, Robin Lane. *Pagani e cristiani*. Roma: Laterza, 1986.

GEVAERT, Joseph. *El problema del hombre. Introduccion a la antropologia filosófica*. Salamanca: Ediciones Sígueme, 1997.

HAIGHT, R. *A comunidade cristã na história. Eclesiologia histórica*. São Paulo: Paulinas, 2012.

KREITZER, L. J. *Escatologia*. In: WAWTHORNE, G. F. et al. (org.). *Dicionário de Paulo e suas Cartas*. São Paulo: Paulus, 2008.

MORESCHINI, Claudio; NORELLI, Enrico. *Manual de literatura cristã antiga grega e latina*. Aparecida: Editora Santuário, 2005.

MORRICE, W. G. *Alegria*. In: WAWTHORNE, G. F. et al. (org.). *Dicionário de Paulo e suas cartas*. São Paulo: Paulus, 2008.

PORTER, S. E. *Santidade, santificação*. In: WAWTHORNE, G. F. et al. (org.). *Dicionário de Paulo e suas cartas*. São Paulo: Paulus, 2008.

Impresso na gráfica da
Pia Sociedade Filhas de São Paulo
Via Raposo Tavares, km 19,145
05577-300 - São Paulo, SP - Brasil - 2017